아홉 살에 처음 만나는
독서록 잘 쓰는 법

아홉 살에 처음 만나는
독서록 잘 쓰는 법

초판 1쇄 인쇄일 | 2022년 10월 15일   초판 1쇄 발행일 | 2022년 10월 25일

지은이 | 이미영
일러스트 | 송한나
펴낸이 | 강창용
기획편집 | 강석호
디 자 인 | 가혜순
책임영업 | 최대현

펴낸곳 | 하늘을나는코끼리
출판등록 | 1998년 5월 16일 제10-1588
주 소 | 경기도 고양시 일산동구 중앙로 1233 (현대타운빌) 302호
전 화 | (代)031-932-7474
팩 스 | 031-932-5962
이메일 | feelbooks@naver.com
포스트 | http://post.naver.com/feelbooksplus

ISBN 979-11-6195-180-5 73800

* 책값은 뒤표지에 있습니다.   * 잘못된 책은 구입처에서 교환해 드립니다.

 하늘을나는코끼리는 느낌있는책의 어린이책 브랜드입니다.

아홉 살에 처음 만나는

창의력 쑥쑥! 문해력 쑥쑥!

독서록 잘 쓰는 법

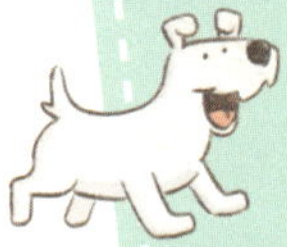

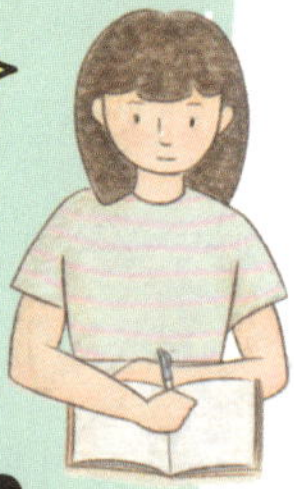

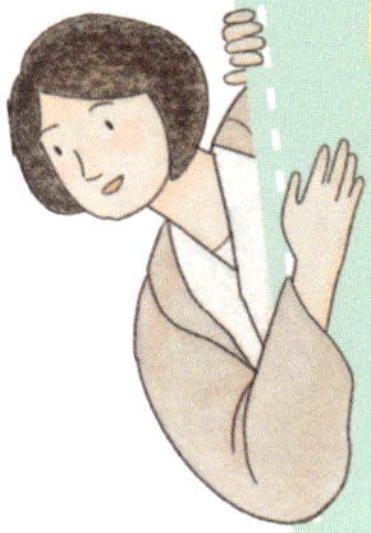

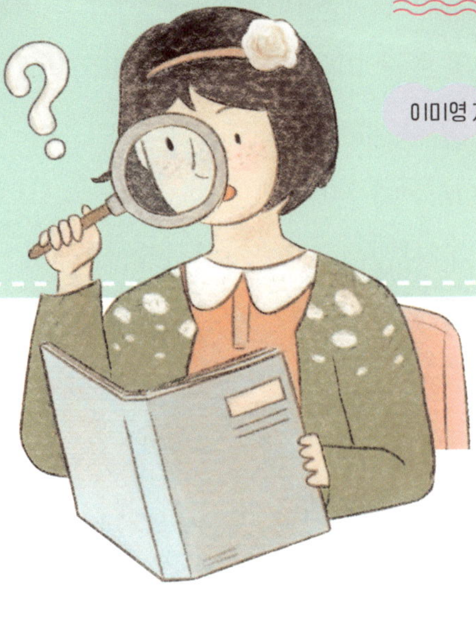

이미영 지음

책을 펴내며

독서록은 왜 써야 하나요?

　우리 친구들은 책을 좋아하나요, 아니면 부모님이 책을 읽으라고 해서 어쩔 수 없이 읽고 있나요? 어른들은 왜 책을 읽으라고 하는지 잘 모르겠다고요?

　책 속에는 우리 친구들이 모르는 너무도 많은 이야기가 숨어 있거든요. 어떤 친구들은 이런 말을 할 거예요.

　"선생님, 인터넷만 찾아보면 책 내용이 다 나와 있는데 왜 책을 읽어야 하죠?"

　이것도 틀린 말은 아니에요. 하지만 인터넷 속 내용을 한 번 보고 난 뒤 오래 기억한 적이 있나요? 감동받은 적은요? 아마 그런 일은 별로 없었을 거예요. 그 이유는 '수박 겉핥기'식으로 내용을 살폈기 때문이에요.

　책은 오랜 시간을 들여 천천히 읽어야 하거든요. 그러면서 책 속 주인공과 마음을 나누기도 하고, 주인공이 겪는 사건을 함께 겪기도 해요. 그걸 어려운 말로 '간접 경험'이라고 하지요. 경험하기 힘든 일을 책 속에서는 할 수 있고, 또 쉽게 접하지 못한 지식을 책 속에서는 배울 수 있답니다.

    책을 읽는 것까지는 그렇다 쳐도 독서록까지 쓰려니 머리가 너무나 아프다고요?

    우리의 뇌는 생각보다 커서 많은 것을 담을 수 있다고 해요. 하지만 머릿속에 담은 내용을 오래 기억하기는 어렵지요.

    친구들 모두 책을 읽으면서 재미있었던 이야기, 슬펐던 이야기, 화났던 이야기 혹은 머릿속에 콕콕 박고 싶었던 소중한 지식들이 있었을 거예요.

    독서록 쓰는 걸 어렵게 생각하지 마세요. 어떤 것이든 자신의 생각을 쓰는게 가장 중요하답니다. 생각을 독서록에 한 줄, 두 줄 천천히 써 보는 거예요. 그리고 대충 쓰는 독서록이 아닌, 재미와 감동이 느껴지는 글을 쓰려고 노력해 보세요. 그러면 자신이 읽은 많은 책을 한 권의 공책에 소중히 담을 수 있거든요.

2022년 가을
이미영

책을 읽기 전에

독서록에 대해 함께 알아보아요

 **1** 독서록은 나에게 어떤 도움을 줄까요?

  우리는 책을 통해서 넓은 세상을 볼 수 있어요. 주변에 사는 사람들 모습을 볼 수 있고, 새로운 지식을 얻을 수 있지요. 물론 이 모든 것은 책을 통해 겪는 간접 경험과 지식이지요. 이 모든 감동과 지식을 독서록에 잘 정리하다 보면 얻게 되는 것이 있어요. 바로 세상을 보는 눈이 더 넓어지면서 생각도 깊어진다는 사실이에요.

  더 나아가 내 생각을 글로 자유롭게 표현할 수 있답니다. 책을 읽고 난 뒤 내 감정을 표현하는 일부터 시작해서, 대학교 입학 때 필수인 자기소개서도 어렵지 않게 쓸 수 있답니다. 대학교를 졸업한 뒤 원하는 직장에 취업하기 위해서도 자기소개서는 꼭 필요하지요. 그래서 독서록 쓰기는 논술을 위한 기초 훈

련이 될 수 있답니다.

 **2 읽기와 쓰기 습관을 들이세요!**

　읽기와 쓰기를 힘들어하는 친구도 많을 거예요. 그런데요, 처음부터 어렵게 생각하지 말고 천천히 습관을 들여 보세요. 처음에는 하루에 15분씩 독서를 한 뒤, 공책에 한 문장 혹은 두 문장을 쓰는 거예요. 처음부터 페이지를 다 채울 필요는 없어요. 대신 꾸준히 실천하는 거지요. 그러다 보면 한 줄이 두 줄이 되고, 어느새 반 페이지를 채울 수 있답니다.

 **3 독서록을 쓸 때 중요한 점은 무엇일까요?**

　책 속 중심 내용을 정확히 파악하는 일이에요. 작가가 책을 쓴 이유가 이것 때문이거든요. 그런데 중심 내용을 콕 집어 이야기하기가 힘들더라고요. 그럴 때는 어떻게 하면 좋을까요?

방법은 간단해요. 책을 읽을 때 주의 깊게 읽는 습관을 들이는 거예요. 모르는 말이 나오면 반드시 사전을 찾아보고요. 또 중요하다고 생각되는 문장은 공책에 따로 적어 놓는 습관을 들이는 것도 좋아요. 그렇게 하다 보면 작가가 말하고자 하는 중요한 이야기를 쉽게 알아챌 수 있거든요.

 **4 독서록을 쓰기 전 잠깐! 독서록에도 형식이 있답니다.**

친구들 모두 일기를 쓸 때 날짜와 날씨를 반드시 쓰잖아요. 독서록에도 꼭 써야 할 것들이 있어요. 어떤 친구들은 독서록 쓰는 것도 힘든데 형식까지 갖춰야 하냐고 불평할 수 있어요. 하지만 읽은 책을 독서록에 쓰다 보면 마치 일기장처럼 독서록 한 권을 통해 내 독서 일기를 자세히 관찰할 수 있답니다. 지난달엔 위인에 관련된 책만 읽었는데, 이번 달은 역사에 관한 책을 읽어 볼까, 하면서 책을 조금 더 다양하게 읽을 수도 있겠지요. 독서록을 쓰는 솜씨도 나아질 테고요.

독서록 형식을 알아볼까요?

1. 책을 읽은 날짜	2. 책 제목
3. 글쓴이	4. 그림 작가 (그림책이라면 그림 작가 이름도 쓰기)
5. 출판사	
6. 독서록 제목	
7. 책을 읽고 나서	

나오는 사람들

이봄 (아홉 살)
하고 싶은 것도 많고, 먹고 싶은 것도 많은 아홉 살!
세상에서 공부가 제일 싫지만 더 싫은 게 있는데요,
바로 책 읽기랍니다.
꿈은 세계적인 여배우!
하지만 얼굴을 볼 때마다 마음이 우울해진다고 해요.
오빠는 책만 잘 읽으면 멋진 배우가 될 수 있다는데……,
과연 믿을 만한 말일까요?

이가을 (스물한 살)
동생 봄이와는 열두 살 차이가 나는 띠동갑 오빠랍니다.
학교와 집밖에 모르는 모범생이지요.
참, 도서관도 좋아한답니다.
가장 좋아하는 일은 봄이 괴롭히기고요!
물론 봄이는 도망 다니기 바쁜데 가끔은 오빠를
찾을 때가 있답니다!
책 고를 때와 독서록 쓸 때 말이에요!

이형규 (아빠)
컴퓨터 프로그래머.
일도 즐겁지만 언젠가는 남극에 가는 것이
꿈이랍니다.

김영숙 (엄마)
성실한 구청 공무원이랍니다.
쉬는 날에는 봄이와 산책하는 것을
좋아합니다.

이주원 (아홉 살)
나비 초등학교에 전학 온 지 하루 만에
봄이의 관심을 듬뿍 받게 됩니다.
주원이는 봄이를 볼 때마다 생각합니다.
봄이가 나를 좋아하나?
에이, 설마 그럴 리가!

만두 (반려견)
엄마가 1년 전 거리에서 주워 온 유기견.
봄이가 음식 중 만두를 가장 좋아해서 붙인 이름인데요,
만두 왈,
이름이 마음에 들지 않아!

차례

책을 펴내며 … 4
책을 읽기 전에 … 6

1. 인상 깊은 문장 옮겨 쓰기 … 15
2. 기억에 남는 장면 자세히 쓰기 … 23
3. 마인드맵 그리기 … 31
4. 등장인물 별명 지어 주기 … 41
5. 사건 일지 꼼꼼히 쓰기 … 49
6. 주인공이 되어 생각하기 … 57
7. 인터뷰하기 … 67
8. 독서 퀴즈 … 77
9. 시로 독서록 쓰기 … 85
10. 나와 주인공 비교하기 … 95
11. 뒷이야기 이어 쓰기 … 103
12. 우리 가족과 비교하여 쓰기 … 111
13. 정보를 이용하여 쓰기 … 119
14. 지은이 소개하기 … 127
15. 책 이야기 소개하기 … 135

독서록, 이렇게도 써 보세요 … 145

주인공 관찰하여 쓰기 … 146

4컷 만화로 쓰기 … 147

주인공에게 편지 쓰기 … 148

친구에게 추천하는 편지 쓰기 … 149

삼행시로 쓰기 … 150

이야기 다시 쓰기 … 151

다른 책과 비교하여 쓰기 … 152

기억에 남는 단어로 끝말잇기 … 153

상장 만들기 … 154

독서 신문 만들기 … 155

칭찬 카드 만들기 … 156

책 표지 만들기 … 157

가족과 함께 읽은 뒤 독서록 쓰기 … 158

시공간 배경 바꿔 쓰기 … 159

줄거리와 느낌 함께 쓰기 … 160

작가님, 독서록 쓸 때 이것이 궁금해요! … 161

아홉 살에 처음 만나는 독서록

인상 깊은 문장 옮겨 쓰기

책을 읽다 보면 마음에 닿는 문장을 만날 때가 있을 거예요. 그럴 때 친구들은 어떻게 하나요? 문장에 연필로 줄을 긋기도 하고, 페이지를 살짝 접어 놓기도 하지요.

인상 깊은 문장이란 것들을 보면요, 평소 내가 경험한 일들과 겹치는 이야기일 수도 있고, 내 마음을 들여다본 듯 똑같은 생각일 때도 있거든요. 물론 책을 읽지 않는다면 이런 귀한 경험은 할 수 없겠지요?

그리고 오늘 그런 문장을 발견했다면 독서록에 옮겨 써 보는 건 어떨까요? 문장과 함께 내가 느낀 생각도 함께 말이지요.

"안녕? 내 이름은 주원이라고 해. 앞으로 잘 지내자."
전학 온 친구가 말을 하자 모두가 웅성거렸어요.
"우와, 키 좀 봐. 엄청 크다!"
"얼굴도 하얗다. 머리카락도 노랗고!"
솔직히 가슴이 떨렸어요. 제가 좋아하는 아이돌 가수와 비슷하게 생겼거든요.
그런데 놀라운 일이 벌어졌어요. 글쎄, 주원이가 내 짝이 된 거예요!
쉬는 시간이 되자 친구들이 주원이 곁으로 몰려들었어요.
"독일에서 왔다고? 서울에서 얼마나 멀어?"
"영어 잘해? 아니 독일 말을 더 잘하겠지?"
아이들 질문에 주원이는 살짝 웃기만 했어요.

저는 참을성 있는 아이가 되기로 했어요. 둘만 남았을 때 할 얘기가 있었거든요. 그리고 친구들이 모두 자리에 앉았을 때 당당하게 말했어요.

"앞으로 궁금한 것 있으면 나한테 물어! 수학만 빼고 다 잘하거든!"

주원이는 조금 당황한 얼굴이었어요.

히히, 그럴 수밖에요. 제가 주원이 어깨를 툭! 치면서 말했거든요. 사실 이것은 제가 좋아하는 영화 속 주인공이 했던 행동이에요.

잠시 제 얼굴을 물끄러미 바라보던 주원이가 말했어요.

"그, 그래. 고마워."

"네 짝이 독일에서 전학 왔다고?"

엄마도 아빠도 놀란 모양이에요. 숟가락을 놓고 질문을 쏟아내지 뭐예요?

저는 왠지 어깨가 으쓱해졌어요. 독일에서 전학 온 주원이가 특별하기도 했지만 뭐랄까, 주원이는 다른 친구들과는 좀 다른 모습이거든요.

"엄마, 주원이는 한국 사람은 맞는데 외국인 같기도 하고……, 또 살짝 쳐다보면 흠……, 멀리 다른 별에서 온 것 같아."

이번에는 오빠가 말했어요.

"뭐? 어디 작은 별에서 왔대?"

작은 별? 거긴 어디지?

오빠는 그럴 줄 알았다며 다시 이야기했어요.

"너 《어린 왕자》란 책 안 읽어 봤지? 거기 보면 네가 말하는 주원이를 꼭 닮은 애 나오는데……."

저는 말이 떨어지기가 무섭게 오빠 방으로 후다닥 달려갔어요. 오빠 방에는 없는 책 빼곤 다 있거든요.

"내가 모를 줄 알아? 너, 주원이 좋아하지?"

오빠가 낄낄 웃으며 말했어요.

"흥, 그게 뭐 어때서?"

오빠가 얄미웠지만 아무렇지도 않은 듯 대답했어요.

"그렇다면 이 책 다 읽은 뒤 독서록 쓰기!"

"뭐?"

"주원이, 아니 어린 왕자가 얼마나 멋진 말들을 했는지 알아? 그러니까 꼼꼼히 읽고 어린 왕자가 한 말을 공책에 잘 적어 봐."

"왜 그래야 하는데?"

"주원이한테 빠진 것처럼 어린 왕자에게도 푹 빠질 것이 분명하거든."

잘난 척 대마왕이긴 하지만 인정할 건 인정해야 할 것 같아요. 어쩜 제 마음을 이렇게 잘 알죠?

봄이가 쓰는 독서록

날짜	5월 16일
책 제목	아홉 살에 처음 만나는 어린 왕자
지은이	앙투안 드 생텍쥐페리 글 / 강미경 역 / 유유 그림
출판사	하늘을나는코끼리

제목: 가장 중요한 것은 눈에 보이지 않아.

그림 그리는 것을 좋아하지 않지만 《어린 왕자》를 읽고 난 뒤 그림을 그렸다.

물론 그림은 형편없었지만, 엄마는 칭찬을 해 주셨다.

사실은 책에 그려져 있는 어린 왕자가 귀엽고 사랑스러웠다. 또 어린 왕자를 따라 해 보고 싶었다.

작은 별에서 온 어린 왕자는 다른 별로 여행을 떠났다. 많은 사람과 만나고 싶어서였다.

별은 많았고, 별에 사는 사람들도 모두 달랐다. 또 꽃과 양도 만났고 여우도 만났다.

어린 왕자는 별을 돌아다니며 많은 이야기를 나누었다. 솔직히 이해가 되지 않는 이야기도 있었지만, 오빠 말이 맞은 것도 있었다.

내 마음에 드는 문장을 하나도 아니고 여러 개 발견한 것이다.

- 가장 중요한 것은 눈에 보이지 않아. 마음으로 보아야 해.
- 사막이 아름다운 것은 어딘가 우물을 숨기고 있기 때문이야.

책 내용이 조금 어려웠지만, 보아뱀 이야기는 재밌었다. 나도 코끼리를 삼킨 보아뱀을 그려 친구들에게 보여주고 싶다. 궁금해진다. 친구들도 코끼리를 통째로 삼킨 보아뱀을 모자로 볼까?

꼬리에 꼬리를 무는 생각

- 어린 왕자는 왜 다른 별을 여행하고 싶었을까?
- 궁금해, 사막은 어떤 곳일까?
- 넓고 넓은 우주, 외계인은 정말 있을까?

이 책은 어때요?

책 제목　아홉 살에 처음 만나는 빨간 머리 앤
지은이　루시 모드 몽고메리 글 / 강미경 편역 / 유유 그림
출판사　하늘을나는코끼리

　　머리카락이 빨간 한 소녀가 초록색 지붕의 집으로 이사를 왔답니다. 얼굴에 주근깨도 많고 몹시 말라서 예쁜 구석이라고는 하나도 찾아볼 수 없는 소녀죠.
　　그런데 빨간 머리 앤이 얼마나 수다쟁이인 줄 모르죠? 앤의 말은 재밌고 솔직해서 앤의 말솜씨에 반한 사람들이 한둘이 아니라고 해요.
　　어때요? 친구들도 앤의 이야기가 많이 궁금하죠?
　　참, 앤도 어린 왕자만큼 멋진 말을 쏟아냈어요.
　　"무언가를 즐겁게 기다리는 것에 즐거움의 절반이 있는 거예요. 그것이 이루어지지 않는다고 하더라도 기다리는 기쁨이란 건 온전히 나만의 것이니까요."

아홉 살에 처음 만나는 독서록

기억에 남는 장면 자세히 쓰기

마치 영화의 한 장면처럼 기억에 남는 장면을 만날 때가 있을 거예요. 확대경을 들고 보는 것처럼요. 그럴 때는 한 장면에 집중해서 써 보는 것도 재미있는 독후 활동이 될 거예요. 책 속 그 장소에 내가 있다고 생각하면서요.
대신 그 장면을 중심으로 쓰되, 마치 눈앞에 펼쳐진 것처럼 생생하게 써 보세요. 설명하지 말고 '그림을 그린다' 생각하면서요.
그렇게 한 줄, 두 줄 쓰다 보면 글을 조금 더 자세하게 쓰는 힘도 기를 수 있거든요.

주원이는 장래희망이 자주 바뀐대요. 작년에는 과학자였는데 올해는 작가가 되고 싶다나요? 유치원 다닐 때는 축구 선수였고요.

　하지만 제 장래 희망은 영원히 변치 않을 거예요. 백 번 넘게 생각해도 '영화배우'만큼 멋진 직업은 없거든요.

　참, 주원이는 다섯 살 때 독일로 이사 갔대요. 그런데도 한국말을 무척 잘해요. 그 이유는 엄마와 책을 많이 읽었기 때문이래요.

　어제는 주원이가 물었어요.

　"너, 영화배우 되고 싶다고 했지? 그럼 어떤 역할을 맡고 싶어?"

　"음……, 딱 꼬집어 이야기하라면……." 하는데 주원이가 갑

자기 신이 나 말했어요.

"난 네가 《여우누이》에 나오는 주인공 역할을 했으면 해!"

궁금했어요. 《여우누이》는 어떤 책이고 주인공은 누구지? 사실 주원이에게 묻고 싶었지만 참았어요. 물어보면 평소 책을 읽지 않는 것을 들킬 것 같았거든요.

집에 오자마자 오빠부터 찾았어요.

"오 - 빠 - 아!"

"무, 무슨 일이야?"

오빠도 놀랐나 봐요. 학교에서 오자마자 오빠를 찾은 적이 없으니까요.

"급해.《여우누이》책 좀!"

"그 책은 없어."

"뭐? 오빠한테 없는 책도 있어?"

"내가 서점이냐, 도서관이냐?"

"그럼 어디부터 가지?"

"집에서 가까운 도서관으로 가자!"

오빠는 물 만난 고기처럼 도서관 서재로 쑥 - 들어가더니 금세 책을 찾아 왔어요.

흠……, 저는 책을 받자마자 책상에 앉아 책을 읽었고요, 오빠는 그런 저를 아주 심각하게 바라보았어요. 제가 인상을 쓰면서 읽었기 때문이에요. 책을 읽으면서 소름 끼치고 무서워 숨이 넘어갈 것 같았거든요.

"왜 그래?"

보다 못한 오빠가 물었어요.

"지-인짜 무섭다!"

저는 책에서 눈을 떼지 못하고 말했어요.

"그런데 그 책은 갑자기 왜?"

"그게……."

어머나, 깜박 잊고 있었어요!

그러니까 주원이는 제가 《여우누이》에 나오는 여우누이 역할을 했으면 좋겠다는 이야기였잖아요. 믿는 도끼에 발등 찍힌다더니! 제가 어딜 봐서 여우누이와 닮았다는 거죠?

주원이 얘기를 하자 오빠가 깔깔대고 웃더니 말했어요.

"주원이가 연기란 것이 무엇인지 잘 아네. 생각해 봐, 너도 여우누이에 나온 모든 장면이 무서웠다고 했지? 그럼 그 장면을 자세히 써 보는 건 어때? 나중에 네가 무서운 영화에 출연할 때 도움이 되지 않겠어?"

오빠 말처럼 기억에 남는 장면이 있었어요.

여우누이가 말 똥구멍에 손을 쑤욱 넣어 간을 꺼내서 간장에 콕 찍어 먹는 장면이에요.

봄이가 쓰는 독서록

날짜	5월 28일
책 제목	여우누이
지은이	김성민 글·그림
출판사	사계절

제목: 영화보다 더 무서워!

귀신 나오는 이야기책을 여러 권 읽었지만 《여우누이》가 가장 무서웠다. 여우누이에 나오는 주인공은 귀신도 아니다. 아들만 셋 있는 집에 태어난 외동딸이다.

궁금하다. 귀한 외동딸이 어떻게 무서운 여우누이가 되었을까?

생각해 보면 할아버지, 할머니는 서낭에 가서 "여우 같은 딸이라도 좋으니 하나 낳게 해 주세요." 하고 빌었다.

또 예쁜 딸만 좋아하고 아들 같은 건 없어져도 좋다고 말했다.

책을 덮었지만 여우누이가 한밤중에 나온 모습이 생각난다.

누이는 손에 참기름을 바르고는 간장 종지를 들고 살금살금 외양간으로 갔다.

으, 지금도 떨린다. 그러고는 말 똥구멍에 손을 넣어 간을 꺼냈다. 놀란 말의 눈이 왕방울만큼 커졌다. 그런데 옆으로 쭉 찢어진 여우누이는 웃었다.

여우누이는 그 간을 간장에 콕 찍어 먹었다. 책의 그림은 검은색이지만 분명 손과 바닥에 붉은 피가 가득했을 것이다.

또 몰래 지켜보는 셋째 아들은 얼마나 가슴이 떨렸을까? 나 같으면 그대로 기절하고 말았을 텐데!

아무리 생각해도 《여우누이》보다 오싹한 책은 없는 것 같다.

꼬리에 꼬리를 무는 생각

- 이상하다. 사람들은 왜 무서운 이야기를 좋아할까?
- 세상에서 가장 무서운 이야기는 어떤 이야기일까?
- 세상에서 가장 무서운 귀신은 어떤 귀신일까?

이 책은 어때요?

책 제목 비 오는 날
지은이 유리 슐레비츠 글·그림 / 강무홍 역
출판사 시공주니어

    비 오는 날을 좋아하는 친구들이 있나요? 유리 슐레비츠라는 작가는 《비 오는 날》이라는 멋진 그림책을 만들었어요. 우리 친구들은 책을 읽은 뒤, 비가 내리는 풍경을 보며 조금 더 비에 관해 자세히 써 보는 건 어떨까요?

    비는 어떤 모양으로 내리는지, 비 냄새는 어떤지……, 비가 내릴 때 할 수 있는 놀이는 무엇이 있는지……, 또 비가 내릴 때 사람들은 어떤 행동을 하는지 관찰하면서요.

아홉 살에 처음 만나는 독서록

마인드맵 그리기

책을 읽다 보면 하고 싶은 이야기는 많은데, 정리가 쉽지 않을 때가 있을 거예요. 이럴 때는 마인드맵 그리기가 좋아요. 마음속에 지도를 그리듯이 글을 쓰면 되거든요. 조금 더 쉽게 말하면 '생각 그물'을 짜는 거예요. 생각 그물 중심에는 이야기 주제가 들어가 있고요.
참, 이렇게 정리하면 한눈에 볼 수 있다는 좋은 점도 있답니다.
자, 그럼 시작해 볼까요?

- 주제명(이야기하고 싶은 가장 큰 중심 내용)을 맨 위 혹은 가운데에 써 넣습니다.
- 쓰고자 하는 중심 내용을 자유롭게 써 보세요.
- 이번에는 중심내용에 가지 혹은 꼬리를 그린 후, 중심내용과 이어지는 다음 내용을 써 넣습니다.
- 그런데 글만 적혀 있어 부족해 보인다고요? 그럼 그림을 그려 넣으세요. 글이 훨씬 풍성해지거든요.

"봄아, 10시야. 어서 들어가 자."

오빠가 시계를 보며 말했어요.

말도 안 돼요. 내일은 토요일인데 왜 일찍 자야 하죠? 오빠나 엄마가 일찍 자라고 할 때마다 화가 나요. 할 일이 너무 많은데 말이에요.

"싫어. 나 텔레비전 보고 잘 거야."

저는 입을 비죽 내밀며 말했어요.

"아휴, 네가 잠을 제대로 자지 않으니 살이 찌지."

"무슨 소리야?"

"모를 줄 알아? 너 2킬로그램 쪘지?"

"엄마가 말했어?"

"그건 중요한 사실이 아니잖아. 중요한 건 네가 살이 쪘다는

사실이지!"

"엄 – 마!"

저도 모르게 엄마를 빽 하고 불렀어요. 제 몸무게는 엄마만 알고 있는데 엄마가 비밀을 지키지 않았기 때문이에요.

그런데 엄만 제 편이 아니었어요.

"오빠 말이 맞아. 어서 들어가 자. 내일 할 일 많다며……."

엄마 말이 맞긴 해요. 내일은 일어나자마자 소은이와 함께 호수공원에 가기로 했어요. 편의점에 들러 새러 나온 젤리도 사 먹고요. 그뿐만이 아니에요. 3시에는 놀이터에서 친구들과 만나 놀기로 했어요. 하지만 잠을 자는 시간이 아까워요. 특히 금요일과 토요일 밤에는요.

보세요, 우리 집 잠보인 만두도 토요일에는 잠을 자지 않거든요.

"안 되겠다. 오늘, 아니 내일은 이 책을 읽어야겠어."

오빠는 어느새 책 한 권을 가지고 나왔어요.

"그건 또 뭔데? 그리고 이 소중한 주말에 책을 읽으라고? 무조건 싫어!"

저도 질 수 없었어요.

"흥, 안 읽으면 너만 손해야! 알지? 내 친구 정민이……, 걔도 너처럼 잠자는 시간 아깝다고 했거든. 그런데 이번 시험 망쳤어."

"잠 안 자고 시험공부 한 거 아냐?"

"시험공부도 잠을 제대로 자면서 해야 한단 말이지. 너, 우리가 살면서 3분의 1을 잠을 잔다는 사실 알고 있어?"

"그렇게나 잠을 많이 잔다고?"

"그렇다니까. 잠이 우리 인간에게 얼마나 중요한 것인지 알아?"

"흠……, 그렇다면……."

오빠 말을 듣고 깜짝 놀랐습니다. 오빠가 잘난 척 대마왕이긴 해도 거짓말을 한 적은 없으니까요.

사실 어제도 늦게 자서 학교에서 꾸벅꾸벅 졸다가 선생님께 혼이 났거든요. 하품도 열 번 넘게 했고요.

또 국어책을 읽을 때 얼마나 힘들었는지 몰라요. 등 뒤에 커다란 돌을 올려놓은 것처럼 온몸이 쑤시고 힘들었답니다.

사실 '잠'은 참 알쏭달쏭해요. 한번 자고 싶으면 계속 자고 싶거든요. 하지만 지금처럼 잠을 자는 시간이 아까울 때도 있어요.

 아, 답은 무엇일까요? 오빠 말대로 《나만 몰랐던 잠 이야기》를 읽어야 할까요?

 책을 들고 아빠가 일하고 있는 서재로 달려갔어요.

 "아빠는 잠을 얼마나 자야 한다고 생각해요?"

 "응?"

 아빠는 갑자기 제가 질문을 해서 놀랐나 봐요.

"오빠가 그러는데 잠을 잘 못 자면, 기억력도 떨어지고 병에도 잘 걸리고, 배고픔을 잘 느껴 폭식을 한대요. 맞아요?"

아빠는 대답 대신 제 손에 들려 있는 책을 펼치며 말했어요.

"《나만 몰랐던 잠 이야기》? 잘됐네. 아빠도 잠에 관해 궁금했는데 내가 먼저 읽으면 안 될까?"

봄이가 쓰는 독서록

날짜	6월 15일
책 제목	나만 몰랐던 잠 이야기
지은이	허은실 글 / 이은실 그림
출판사	풀빛

제목 : 정말 몰랐다, 잠 이야기!

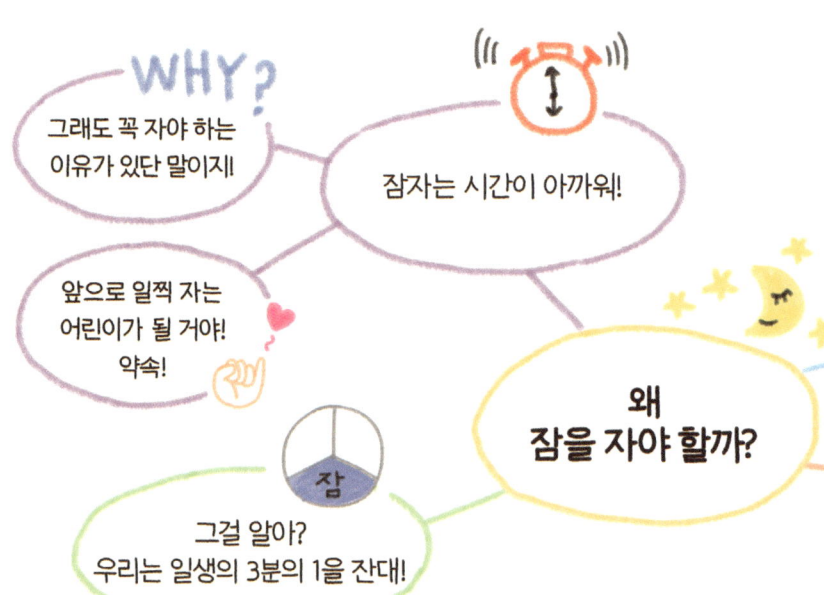

WHY?

그래도 꼭 자야 하는 이유가 있단 말이지!

앞으로 일찍 자는 어린이가 될 거야! 약속!

잠자는 시간이 아까워!

왜 잠을 자야 할까?

그걸 알아? 우리는 일생의 3분의 1을 잔대!

꼬리에 꼬리를 무는 생각

- 세상에서 가장 오랜 시간 잠을 잔 사람은 누굴까?
- 잠을 자면서 꿈을 꾸는 이유는 뭘까?
- 겨울잠을 자는 동물은 한 번도 깨지 않고 계속 잘까?

잠은 면역력을 높여준대!

엄마 말이 맞았어! 피부도 좋아진대!

피로도 풀 수 있어!

잠의 효능은 과학 실험을 통해 확인되었어!

비만도 방지할 수 있어!

잠을 안 자면 짜증이 늘고 기억력이 떨어져!

건강하게 지내고 싶어!

줄넘기 100회

이 책은 어때요?

책 제목 꿈에도 몰랐던 꿈 이야기
지은이 허은실 글 / 김민준 그림
출판사 풀빛

    잠을 자면 꿈을 꾸는 이유가 뭘까요? 그리고 꿈속 일들이 마치 현실에서 겪는 일 같지 않나요? 꿈속에 학교가 나오기도 하고 때론 한 번도 가 보지 못한 장소도 나오고요. 그뿐만이 아니지요. 마법처럼 하늘 위를 날기도 하잖아요.

    또 무서운 꿈을 꾸고 나면 온몸을 떨기도 해요. 우리는 분명 잠을 자고 있는데 꿈속 일은 아주 생생하지요. 궁금하지 않나요? 우리가 왜 꿈을 꾸는지, 또 다른 꿈 이야기는 무엇이 있는지요. 아주 오랜 옛날부터 사람들은 꿈속 이야기를 귀하게 여겼대요. 또 꿈을 가지고 미래를 점치기도 했고요. 꼬리에 꼬리를 무는 꿈 이야기로 생각 그물을 짜보는 건 어떨까요?

아홉 살에 처음 만나는 독서록

등장인물 별명 지어 주기

책을 읽다 보면 이야기 속 주인공이 특별하게 다가올 때가 있지 않나요? 그럴 때 친구들은 어떻게 하나요? 마음속으로 '대단해', 혹은 '멋지다, 특별하다'라고 생각하고 끝낸 적은 없나요?

그렇다면 친구들끼리 부르는 별명을 생각해 보세요. 별명만 들어도 그 친구 모습이 떠오르잖아요? 책 속 주인공들을 보면 각자가 지닌 특징이 있어요. 어떤 사람은 노래를 잘 부르고 어떤 사람은 운동을 잘해요. 또 어떤 사람은 남을 도와주는 것을 좋아하기도 하고요. 이처럼 책 속 주인공에게 별명을 지어 줘 보세요. 그러면 오랜 시간이 흘러도 책 속 주인공을 기억할 수 있지 않을까요?

토요일과 일요일은 특별한 일이 없으면 만두와 온종일 놀아요. 만두는 말을 못 하지만, 전 만두 눈을 보면 알 수 있어요. 만두가 세상에서 저를 제일 좋아한다는 사실을요.

　참, 만두는 우리 집 반려견 이름이에요. 엄마가 처음 만두를 데려왔을 때가 생각나요.

　만두는 버려진 강아지였어요. 누군가 만두를 전봇대 밑에 둔 채 사라졌거든요. 만두 털은 보드라운 하얀색인데 처음 만두를 봤을 때 모습은……, 먼지를 잔뜩 뒤집어써 때가 꼬질꼬질한 강아지였어요.

　우리 가족은 만두를 보자마자 사료를 먹인 뒤 목욕을 시켰어요. 만두 몸에서 냄새가 많이 났거든요. 그런데 목욕을 하고 나온 만두는 그야말로 멋진 강아지였어요.

아빠가 말했어요.

"우리 이 불쌍한 녀석에게 이름을 지어 주자!"

엄마도 오빠도 서로를 바라보며 고개를 갸웃거렸어요. 하지만 전 망설이지 않고 바로 말했어요. 뭐라고 했느냐고요? 만두요, 만두! 제가 세상에서 가장 좋아하는 음식이 만두거든요.

그런데 오빠는 오늘도 잔소리를 하고 있어요. 만두와 놀지만 말고 책 좀 읽으라고요!

"오빠, 나 지금 만두랑 놀고 있잖아. 왜 방해하고 그래!"

저도 가만있지 않고 소리를 질렀어요.

"밖을 봐. 비도 오고 딱히 할 일도 없고……, 이럴 때 책상에 앉아 책 좀 읽으면 얼마나 좋니?"

"아휴, 나 어제 늦게까지 숙제해서 피곤하단 말이야. 눈도 아프고."

"핑계는……. 지금 네 눈이 얼마나 반짝반짝 빛나는 줄 알아? 그리고 세상에는 책을 읽고 싶어도 읽지 못하는 사람이 얼마나 많은 줄 알아?"

"말도 안 돼. 세상에 책이 얼마나 많은데 읽지를 못 해?"

틀린 말이 아니잖아요? 서점에 가면 책이 얼마나 많은데요. 도서관에 가도 책이 넘치고요. 그런데 책을 읽고 싶어도 읽지 못하는 사람들은 대체 누구죠?

오빠는 혀를 차며 책 한 권을 내밀었어요.

이건 뭐야?《여섯 개의 점: 점자를 만든 눈먼 소년 루이 브라유 이야기》?

책 표지를 보니 한 소년이 눈을 감고 책 위에 손을 올려놓고 있었어요.

"우리가 사는 세상은 나 혼자만 사는 곳이 아니야. 알지? 아주 다양한 사람들이 살고 있다는 이야기지. 피부색이 다른 것은 물론이고 장애를 지닌 사람도 많단 말이야. 그런데 그중 눈이 보이지 않거나 시력이 몹시 약한 시각 장애인도 있단 말이지."

잊고 있었어요. 앞을 보지 못하는 시각 장애인들이 있다는 사실을요.

"봄아, 오늘 이야기는 점자를 만든 루이 브라유의 이야기야. 너 만두한테 기가 막힌 이름 지어 줬잖아. 그래서 오늘 숙제는 책을 다 읽은 뒤 주인공에게 별명을 지어 주는 거야."

흠……, 궁금했어요. '점자'란 것은 무엇이고, 시각 장애인들은 책을 어떻게 읽는지 말이죠. 또 한편으로는 오빠가 한 말이 계속 머릿속을 떠나지 않았어요.

"세상에는 책을 읽고 싶어도 읽지 못하는 사람이 얼마나 많은 줄 알아?"

온갖 핑계를 대며 책 읽기를 싫어했던 제가 조금 부끄러웠어요. 그래서 오늘만큼은 기분 좋게 책을 읽기로 했어요. 책 표지에 나온 루이 브라유의 이야기가 너무 궁금했거든요.

"봄아!"

아빠가 거실에서 불렀어요.

저는 당당하게 말했지요.

"지금 책 읽는 중!"

봄이가 쓰는 독서록

날짜	6월 23일
책 제목	여섯 개의 점: 점자를 만든 눈먼 소년 루이 브라유 이야기
지은이	젠 브라이언트 글 / 보리스 쿨리코프 그림 / 양진희 역
출판사	함께자람

제목: 루이, 넌 태양이야!

 루이는 태어나자마자 사람들의 걱정을 한 몸에 받았다. 몸이 아주 작은 아기였기 때문이다. 하지만 루이는 키도 마음도 무럭무럭 자랐다. 호기심도 많은 아이였다. 그런데 불행한 일이 닥쳤다. 아빠 작업실에서 놀다가 뾰족한 송곳에 그만 눈이 찔리고 만 것이다. 그 사고로 슬프게도 루이는 평생 앞을 볼 수 없게 되었다.

 루이는 책을 읽고 싶었다. 그래서 손가락으로 더듬어 읽을 수 있는 알파벳을 만들었다. 이 글자는 여섯 개의 점인데 신기하게도 볼록하게 튀어나왔다. 그래야만 손끝으로 만져 읽을 수 있기 때문이다.

 '점자'란 것이 처음에는 무엇인지 몰랐다. 또 시각 장애인들은 책을 어떻게 읽는 줄도 몰랐다. 오빠 말대로 책 속에는 너무도 엄청난 지식이 들어 있다.

이제부터 루이 별명은 '태양'이다. 그것도 아주 멋진 태양! 눈이 보이지 않는 사람들에게 태양과 같은 '점자'를 주었기 때문이다.

만약 내가 눈이 보이지 않게 된다면 어떻게 될까? 루이처럼 좌절하지 않고 공부하며 생활할 수 있을까? 몇 번을 생각해도 무서웠다.

루이는 멋진 남자다. 나는 조금만 다쳐도 울면서 난리를 치는데 루이는 시련을 참고 의젓한 어른이 되었다.

꼬리에 꼬리를 무는 생각

- 앞이 보이지 않는다면 어떤 기분일까?
- 내가 발명을 한다면 어떤 것을 하면 좋을까?
- 이 세상에는 한글, 영어, 한자 등 총 몇 가지의 글자가 있을까?

이 책은 어때요?

책 제목 파브르 곤충기
지은이 장 앙리 파브르 글 / 갈리아 번스타인 그림
출판사 삼성출판사

"인내와 반성하는 마음만 있으면 누구든 곤란을 뚫고 나갈 수 있다."

이건 곤충 박사 파브르가 한 말이에요. 파브르는 어린 시절 가난했다고 해요. 하지만 곤충을 좋아해서 가난도 꿋꿋이 이겨내며 곤충을 관찰했어요.

친구들도 좋아하는 일이 생기면 그 일에 푹 빠져들지 않나요? 파브르는 곤충들과 친구가 되어 이야기를 나눴답니다. 그래서 사람들은 잘 모르는 특이한 곤충들의 세계를 우리에게 알려 줄 수 있었죠.

친구들도 여러 곤충을 보면서 별명을 지어 주는 건 어때요? 메뚜기한테는 '높이뛰기 선수', 한여름, 시끄럽게 우는 매미에게는 '울음 폭탄' 등의 별명을 붙이면 책을 더 재밌게 읽을 수 있지 않을까요?

아홉 살에 처음 만나는 독서록

사건 일지 꼼꼼히 쓰기

책을 좋아하는 친구들이 책 속 이야기에 푹 빠져드는 이유가 뭘까요? 여러 이유가 있겠지만요, 그중 책 속에서 일어나는 흥미진진한 사건 때문이에요.

'사건'이란 사람들의 관심을 끌 만한 일을 말해요.

책 속 사건을 잘 들여다보는 것도 좋은 공부랍니다. 책 속 사건이 '좋은 일'인지 혹은 '나쁜 일'인지를 자세히 보는 거예요. 그리고 그 사건을 처음부터 끝까지 꼼꼼히 써 보는 거예요. 사건이 일어난 이유와 결과도 같이 쓰면 좋겠지요?

"망했어!"

저는 머리를 두 손으로 쥐어뜯으며 말했어요.

"그래서? 그다음은 어떻게 된 거야?"

오빠는 뭐가 그렇게 궁금한지 묻고 또 물었어요.

어제 그 일은 평생 잊을 수 없는 사건이거든요.

대체 무슨 사건이냐고요? 3교시 수학 시간이었어요. 친구들 모두 수학 문제를 푸는 데 정신이 팔려 아무 소리도 나지 않았지요.

그때 갑자기 배가 살살 아파 왔어요. 처음에는 꾸루룩! 다음에는 꾸룩꾸룩! 나도 모르게 인상을 쓰며 배를 움켜쥐었어요.

"어디 아파?"

주원이가 걱정스러운 얼굴로 물었어요.

"으- 응. 괜찮아."

말은 그렇게 했지만……, 괜찮지 않았어요! 배가 너무 아파 일어설 힘도 없었거든요. 나중에는 가까스로 손을 들고 말했어요.

"서……, 선생님……, 저 화, 화장실에 다녀와도 되나요?"

선생님도 놀랐나 봐요. 제 얼굴이 빨갰거나 아니면 노랗게 변했을 테니까요.

"응, 어서 다녀와!"

수업 시간에 화장실을 다녀오다니? 있을 수 없는 창피한 일이었지만 어쩔 수 없었어요.

그런데 뒤에 앉아 있던 정수가 히죽 웃으며 말했어요.

"똥 마려워?"

순간, 나도 모르게 아- 그러면 안 되는데……, 그만 방귀를 뽕!- 하고 뀌어 버렸어요!

아, 제 방귀 소리가 크다는 건 알고 있었지만, 어제 그 방귀 소리는 마치 폭죽과도 같은 강력한 힘을 갖고 있었어요.

"아니, 이건 말로만 듣던 똥 방귀잖아!

이번에는 민철이가 거들었어요.

이야기를 끝내자마자 오빠는 깔깔대며 웃기 시작했어요.
"그만 좀 웃어!"
다시 어제 일이 생각나 소리를 지르고 말았어요.
"봄아! 이제 모두가 네 방귀의 위대함을 알게 되었구나!"
오빠는 일어나 엉덩이를 흔들며 놀렸어요.
휴……, 지금도 화장실을 다녀온 뒤에 본 주원이 얼굴이 생각나요. 확실한 건 모두가 웃을 때 주원이 얼굴은 심각했어요.
주원이도 나를 좋아했던 걸까요? 그래서 제 방귀 소리를 듣고 실망했을까요?

오빠는 고민할 일이 아니라고 말했어요. 평소처럼 말도 걸고, 같이 놀기도 하라는데……, 주원이 생각도 과연 그럴까요?

아, 생각만 해도 가슴이 떨려요. 나는 주원이가 너무 좋거든요.

주원이는 얼굴도 잘생겼지만 성격도 좋아 친구들 모두에게 인기가 많아요. 그래서인지 친구들도 주원이와 짝이 된 저를 부러워해요.

"휴- 망했다, 망했어!"

밥을 먹을 때도, 숙제를 할 때도 그리고 침대에 누워 있을 때도 방귀 생각이 났어요.

딩동-, 오빠가 보낸 문자예요.

오빠: 서점에서 발견!

봄이: 뭘?

오빠: 책 표지 보냈어. 제목이 《학교에서 똥 싼 날》이야.

봄이: 너무해!

오빠: 오빠가 사 갈게. 이 책 읽고 나면 별일 아니란 걸 알 거야.

	날짜	6월 30일
	책 제목	학교에서 똥 싼 날
	지은이	이선일 글 / 김수옥 그림
	출판사	푸른날개

제목 : 실수는 누구나 하는 거야

　지훈이에게는 형이 있다. 지훈이는 언제나 형이 입던 옷, 형이 쓰던 학용품을 물려받는다. 그것뿐만이 아니다. 형은 언제나 지훈이를 놀린다.

　사건이 일어난 그날, 지훈이는 형이 입던 바지를 입었다. 카레도 두 그릇이나 먹었다. 그래서 바지가 흘러내려 허리띠도 꽉 졸라맸다.

　그리고 4교시가 되었을 때 배가 살살 아팠지만 지훈이는 꾹 참았다. 그 뒤에 어떤 일이 일어날지 몰랐으니까.

　하지만 지훈이는 결국 화장실에 갔다. 더는 참을 수 없는 상태가 된 것이다.

　나는 실수를 할까 봐 조심조심 걸어가는 지훈이를 보며 안심했다. 이제는 똥만 싸면 되니까. 그런데 허리띠가 문제였다. 너무 꽉 졸라매서 바지를 내릴 수가 없었다. 지훈이는 울상이 되어 발을 동동 굴렀지만 결국 바지에 실수를 했다.

만약 내가 어제 학교에서 방귀를 뀌지 않았다면, 이 장면이 너무 재미있다고 생각했겠지?

지훈이가 똥 싼 사건은 비밀이 되었다. 어쩐 일인지 형이 아무에게도 말하지 않았기 때문이다.

나도 앞으로 난처한 일을 당한 친구를 보면 도와주기로 마음먹었다. 누구든 실수는 할 수 있기 때문이다.

꼬리에 꼬리를 무는 생각

- 형이 만약 지훈이가 똥 싼 일을 모두에게 말했다면 어떻게 되었을까?
- 형은 왜 동생 지훈이의 일을 비밀로 했을까?
- 나에게 있었던 큰 사건이나 실수는 무엇일까?

이 책은 어때요?

책 제목 아빠의 브이 사인
지은이 소마 고헤이 글 / 후쿠다 이와오 그림 / 김수정 역
출판사 키위북스

    학부모 수업 참관에 레이의 아빠가 오셨어요. 레이는 아빠가 학교에 온 사실이 아주 기쁘답니다. 레이 아빠도 레이가 공부하는 모습을 흐뭇하게 바라보고요.

    그런데요, 갑자기 선생님이 부모님들의 특기를 물어보세요. 부모님들은 각자 자신의 특기를 자신 있게 말해요.

    레이는 가슴이 마구 뜁니다. 아빠는 뭐라고 대답할지 몰라서요. 그리고 차례가 된 아빠는 한참을 뜸을 들인 뒤 얼굴이 빨개져서 얼떨결에 말합니다.

    "저의 특기는 달리기예요!"

    그러자 친구들 모두가 "굉장해!"라고 소리치며 박수를 쳐요. 레이 아빠의 특기는 진짜 달리기일까요? 우리 친구들은 뒤에 어떤 사건이 벌어질지 궁금하지 않나요?

아홉 살에 처음 만나는 독서록

주인공이 되어 생각하기

책 속 주인공들이 하는 생각과 행동을 보고, 고개를 끄덕이거나 혹은 고개를 저어 본 적이 있나요?

어른들은 가끔 "입장 바꿔 생각해 봐!" 라는 말씀을 하세요. 이게 무슨 뜻일까요?

이 말을 쉽게 풀어 보면, "네가 '나'라면 어떤 생각과 행동을 했을까?" 라는 뜻이에요. 이 책을 읽는 친구들도 그런 경험이 있을 거예요. 특히 친구들과 다투거나 의견이 어긋날 때 말이에요. 그럴 때 주인공이 되어 생각해 보는 건 어떨까요? 그러면 책 속 주인공이 왜 그런 말을 했는지, 왜 그런 행동을 했는지 이해하기 쉽거든요.

방귀 사건 이후, 주원이와 사이가 어색해졌어요. 하지만 주원이는 달라진 것이 없었어요. 말도 상냥했고, 저에게 말도 많이 걸었어요.

 속 시원하게 놀리기라도 했으면 주먹이라도 들어 보였을 텐데……, 주원이는 아무 내색도 하지 않았어요. 하긴 주원이가 방귀 이야기를 꺼내면 더 싫겠지만요.

 벌써 집에 갈 시간이 되었어요. 흠……, 그러니까 오늘은 주원이와 딱 다섯 번 말했어요.

"지우개 좀 빌려 줘."

"어제 일찍 잤어?"

"오늘 급식 반찬 뭐야?"

"알림장 좀 보여 줄래?"

"잘 가. 내일 보자."

모두 주원이가 제게 한 말인데요, 저는 다섯 번 모두 "응!"이라고 새침하게 말했답니다.

"잠깐만!"

주원이가 뒤돌아선 저를 불렀어요.

"왜?"

조금 놀랐어요. 주원이 목소리가 약간 떨렸거든요.

"전화번호 좀 알려 줘……."

세상에, 제 전화번호를 알려 달라고 했어요. 한 번도 물어본 적이 없거든요. 또 주원이가 휴대폰을 들고 있는 것도 보지 못했고요.

"너 휴대폰 없다고 했잖아?"

제가 물었어요.

"응, 없었는데 며칠 전에 엄마가 사 주셨어."

주원이가 씩 웃으며 말했어요.

더 이야기를 나누고 싶었지만 태권도 학원 차가 기다리고 있어 학교 밖으로 나왔어요.

이번에는 주먹을 휘두를 때도, 옆 차기를 할 때도 계속 휴대폰 생각만 했어요.

'주원이가 전화했으면 어쩌지? 아냐, 문자 보냈을지도 몰라. 근데 왜 휴대폰 번호를 물어봤지? 에이, 짝이니까 물어본 거지, 뭐.'

집에 와서도 가만있을 수가 없었어요. 멍청이, 아까 주원이 번호를 물어볼걸 그랬나 봐요.

결국 오빠에게 주원이 이야기를 꺼냈어요. 주원이와 다시 잘 지내고 싶은데 방법을 잘 모르겠다고요. 그랬더니 오빠가 아무렇지도 않게 말했어요.

"기다려 봐. 진정한 친구가 되려면 시간이 필요하거든. 급하게 서두르지 말란 이야기야."

대체 무슨 말이죠?

"네가 주원이라면 어떻게 생각하고 행동했을까? 그리고 주원이가 막 놀리면 네 속은 어떨 것 같아?"

오빠 대답에 저는 냉큼 대답했어요.

"놀리는 건 싫지만, 그렇다고 모른 척하는 것도 싫어."

다시 오빠는 고개를 갸웃거렸어요.

"그건 주원이가 널 배려한 거야."

"근데 주원이가 내 눈치 보는 것 같단 말이야."

답답했어요. 마치 방귀 사건이 백 년은 지난 것처럼 말이죠. 딩동! 앗, 주원이 문자예요!

주원: 자?
봄이: 아니.

주원: 내가 잘못한 것 있니?

봄이: 아니.

주원: 네가 눈도 안 마주치고 말도 안 하니까.

봄이: 사실은 아, 몰라. 창피해서 죽을 것 같아!

주원: 설마 뿡?

뿡이라니요? 뿡이 아니라, 대포 소리 저리 갈 만큼 큰 빠빵! 이었는데요.

그런데요, 주원이가 방귀 이야기를 꺼낸 순간 이상한 일이 벌어졌어요! 조금 전까지만 해도 속이 답답했는데 다시 방귀를 시원하게 뀐 기분이랄까요?

봄이가 쓰는 독서록

날짜	7월 6일
책 제목	화요일의 두꺼비
지은이	러셀 에릭슨 글 / 햇살과나무꾼 역 / 김종도 그림
출판사	사계절

제목 : 단짝이 된 워턴과 조지

추운 겨울날, 두꺼비 워턴은 고모네 집에 가기 위해 집을 떠났다. 그런데 불행하게도 올빼미 조지에게 잡히고 말았다.

올빼미 조지는 다음 주 화요일에 워턴을 잡아먹겠다고 말했다. 그날이 조지의 생일이기 때문이다. 워턴은 두려움에 벌벌 떨면서도 조지와 잘 지냈다. 같이 차를 마시기도 하고 이야기를 나눴다. 어떤 날은 조지의 집을 깨끗하게 청소하기도 했다. 하지만 탈출 계획을 세우는 데 그만 실패하고 말았다. 그리고 결국 화요일이 되었는데 기적 같은 일이 벌어졌다. 사슴쥐 친구들이 워턴을 구출해 준 것이다.

책을 읽는 동안 얼마나 심장이 떨렸는지 모른다. 조지가 워턴을 잡아먹으면 어쩌나 싶어서다. 그런데 조지는 화요일에 워턴을 잡아먹지 않았다.

대신 워턴이 좋아하는 노간주나무 열매를 구하기 위해 편지를 써 놓고 밖에 나갔다.

처음에는 워턴을 빨리 잡아먹지 않는 조지의 마음이 궁금했다. 또 워턴도 자신을 잡아먹으려 했던 조지를 구해 줬다.

책 제목은 《화요일의 두꺼비》지만 나는 올빼미 조지도 주인공이라고 생각한다. 워턴의 따뜻한 마음에 차가웠던 조지의 마음이 사르르 녹았다. 조지는 화요일에 먹을 맛있는 음식보다 생일을 함께 보낼 친구가 필요했던 것이다.

조지는 외로웠기 때문에 마음도 심술궂었다. 하지만 이제 조지는 외롭지 않다. 워턴이란 다정한 친구가 생겼기 때문이다.

꼬리에 꼬리를 무는 생각

- 내가 주인공 워턴이라면 올빼미 조지와 어떤 방법으로 친해졌을까?
- 조지는 왜 워턴을 빨리 잡아먹지 않았을까?
- 나와 가장 친한 친구는 누구지? 그 친구와 싸웠다면 어떤 이유로 싸웠지? 화해는 어떤 방법으로 했고?

이 책은 어때요?

책 제목 맑음이와 여우 할머니
지은이 윤여림 글 / 차상미 그림
출판사 천개의바람

　귀여운 토끼 소녀가 여우 할머니 집에 이사 왔어요. 처음에는 아담한 이층집도 좋았고, 이층집에서 더 가깝게 볼 수 있는 하늘도 있어 행복했어요.
　그런데 집주인 여우 할머니는 엄마에게 잔소리를 한답니다.
　"제발, 조용히 좀 다녀요! 쿵쿵 소리에 머리가 아프단 말이오!"
　토끼 소녀 엄마는 결국 할머니가 싫다고 말하는데요. 토끼 소녀는 왠지 여우 할머니가 자꾸 마음에 걸려요. 여우 할머니 마음이 궁금하기도 하고요. 그래서 할머니에게 한 발, 두 발 다가서기로 한답니다. 친구들도 할머니의 마음이, 토끼 소녀의 마음이 궁금하지 않나요?

아홉 살에 처음 만나는 독서록

인터뷰하기

인터뷰란 정해진 목적을 가지고 개인이나 집단을 만나 정보를 수집하는 일을 말해요. 텔레비전에 나오는 기자들을 많이 봤을 거예요. 그런 것처럼 친구들은 책을 읽으며 책 속 주인공과 이야기를 나누고 싶은 적이 있나요? 그렇다면 주인공에게 질문하면서 독서록을 써 보세요. 이야기를 하면 서로의 마음을 잘 알 수 있거든요.

"비가 생각보다 많이 오네."

엄마가 시커먼 하늘을 보고 중얼거렸어요.

"괜찮아, 그치겠지."

저도 말은 그렇게 했지만 걱정이 되었습니다. 주원이와 아저씨네햄버거집에서 햄버거를 먹고 공원에서 놀기로 했는데 비가 내리다니요!

"다녀오겠습니다!"

밖으로 나오니 빗줄기가 더 굵어졌습니다. 장대비예요.

보람문방구와 안쌤수학을 지나 막 골목길을 도는 찰나, 노란색 물방울무늬 우산이 보였어요.

"오-빠!"

오빠가 쓰고 다니는 우산이에요. 그런데 오빠가 제 목소리를

 듣지 못한 모양이에요. 급한 일이 있는지 종종걸음으로 앞서가네요?

 저는 햄버거 가게로 가지 않고 오빠를 따라가기로 했어요. 주원이를 만나려면 아직 시간이 남았거든요. 오빠한테 할 이야기도 있었고요.

 어찌 된 일인지 사람이 많았어요. 여러 색의 우산도 뒤엉켜 걸어가고 있었고요. 하지만 오빠를 찾는 일은 어렵지 않았어요. 노란 우산이 한눈에 들어오기도 했지만, 우산은 마치 공중 위를 둥둥 떠다니는 듯 보였어요. 그러니 오빠를 쉽게 찾을 수밖에요.

"오빠, 어디 가!"

다시 소리쳐 불렀지만 오빠는 한 번도 뒤돌아보지 않았답니다. 대신 오뚜기슈퍼와 양촌세탁소 가운데에 있는 건물 안으로 쑥 들어갔습니다.

이 길은 눈을 감고도 갈 수 있어요. 그래서 근처 가게는 모두 알고 있는데요, 오뚜기슈퍼와 양촌세탁소 가운데에 찌그러져 있는 건물은 처음 보았습니다. 그러니까 건물은 왼쪽으로 조금 비스듬히 기울어져 있었습니다.

겉에서 본 건물은 으스스한 기분이 들 정도로 낡고 지저분했습니다. 1층에서 빛이 새어 나오긴 했지만 들어갈 용기도 나지 않았고요. 하지만 왠지 오빠를 찾아야 할 것 같았어요.

문을 열자 축축한 공기가 느껴졌습니다.

"아무도 없나요?"

무서웠지만 용기를 냈습니다.

"어서 오세요. 그런데 무슨 일로 왔지요?"

책상에 앉아 뚫어지게 저를 바라보고 있는 남자가 보였습니다.

"이, 이곳으로 오빠가 들어와서요. 오빠를 보지 못했나요?"

"어떻게 생긴 사람이죠?"

"그러니까……, 키는 큰 편이고 머리카락은 곱슬이에요. 무지개 그림이 그려진 흰색 티셔츠를 입고 있어요."

"흠……, 그런 사람은 보지 못했는데."

"아뇨, 조금 전에 들어가는 걸 제가 분명히 봤어요!"

저도 모르게 목소리가 커지면서 가슴이 두근거리기 시작했어요.

"그럼 인터뷰 질문지부터 작성하세요. 오빠를 찾을 수 있을지 몰라요."

말도 안 돼! 종이는 한 장도 아닌 다섯 장이 넘었어요. 종이 속 인터뷰 질문은 자그마치 백 개를 넘었고요.

"오빠를 찾고 싶다면서요. 그래야……, 참, 오빠 이름이 뭐죠?"

"이가을요!"

오빠 이름을 말하자 저도 모르게 눈물이 솟구쳤어요. 같이 있을 때는 얄밉고 미웠는데, 오빠가 사라졌다고 생각하니 눈앞이 캄캄해졌답니다.

믿을 수 없게도 제 눈물은 곧 가게 안을 채우기 시작했어요. 그러자 가게 안에 있는 책상이며 의자가 눈물 속에서 곤두박질 치더니 둥둥 떠다니지 않겠어요?

남자는 이제 벽에 붙은 옷장 꼭대기로 올라가서는 소리를 질렀답니다.

"애야, 제발 그만 좀 울고 인터뷰 질문지를 작성해! 그러면 오빠를 찾을 수 있어!"

사실은요, 처음 인터뷰 질문부터 고개를 갸웃거렸는데요. 어떤 질문이었느냐고요?

– 이가을 군이 좋아하는 음식과 싫어하는 음식을 한 가지씩 써 보세요.

피자? 아니면 치킨이었나?

생각해 보니 오빠에 관해 아는 것이 별로 없었어요. 그래서 울음을 그치며 생각했지요.

'앞으로 오빠와 많은 대화를 나눠야겠어. 그래야 오빠를 찾을 수……, 아, 근데 오빤 어디 간 거야?'

그때였어요. 아주 먼 곳에서 오빠 목소리가 들렸어요.

"봄아, 그만 일어나! 너 좋아하는 피자 왔다!"

봄이가 쓰는 독서록

날짜	7월 10일
책 제목	암소 실종 사건
지은이	상드라 뒤메 글·그림 / 양진희 역
출판사	미래아이

제목: 명탐정 비케트에게 묻고 싶어요?

　도서관에서 본 책 표지가 재미있어 빌려 왔다. 책 표지만 보고 책을 고르는 건 안 좋은 방법이라고 오빠가 말했다. 하지만 이번에는 오빠가 틀렸다. 책이 너무 재미있어 단숨에 읽었다.

　농장에 사는 동물들은 모두 암소가 납치 당했다고 이야기했다. 어린 송아지들만 보였기 때문이다. 그리고 서로를 의심하다 결국은 세계 최고의 명탐정 염소 비케트를 불렀다. 비케트는 암탉이 초음속 호루라기를 불자 단숨에 달려왔다.

　나는 비케트라는 탐정이 만약 우리 동네에 산다면 어떨까, 하는 생각이 들었다. 그래서 비케트와 인터뷰를 해 보기로 했다.

봄이 : 탐정님, 안녕하세요? 저는 나비초등학교에 다니는 2학년 3반 봄이라고 해요. 오늘 책을 읽다가 궁금해서 인터뷰 독서록을 쓰게 되었어요.

바케트 : 반갑습니다. 하하, 저에 관해 궁금한 것이 많다니 좀 부끄럽군요.

봄이 : 가장 궁금한 질문이에요. 탐정님은 외계인이 정말로 있다고 생각하세요? 탐정님이 암소가 외계인에게 잡혀갔다고 말했을 때 깜짝 놀랐거든요. 저도 외계인이 있다고 생각하기 때문이에요.

바케트 : 흠……, 오랜만에 저와 비슷한 생각을 품은 동물, 아니 사람을 만났군요. 그러니까 외계인은 무조건 있습니다. 왜냐고요? 제 날카로운 추리력이 그렇게 말해 주고 있거든요.

봄이 : 하지만 암소는 박람회에 다녀왔잖아요?

바케트 : 저도 사람, 아니 동물입니다! 틀릴 수도 있는 거죠. 하지만 이번 사건을 통해 우리 농장 가족 모두가 서로가 얼마나 사랑하는지 알 수 있게 되었지요.

봄이 : 그건 저도 인정해요! 그럼 마지막으로 하실 말씀은 없나요?

바케트 : 우리 농장 마을이 평화로운 이유가 무엇 때문이라고 생각하시나요? 그게 모두 저, 바케트가 있기 때문입니다. 하하하!

봄이 : 다음 번에도 만날 수 있을까요, 탐정님?

비케트: 그때는 초음속 호루라기가 아닌 대문을 두드려 주세요. 우리 집 대문은 언제든 열려 있답니다.

이번 독서록 쓰기는 오빠가 많이 도와주었다. 인터뷰 내용을 오빠와 의논하며 쓰니, 책 속 이야기가 한 번 더 머리에 쏙쏙 들어왔다.

꼬리에 꼬리를 무는 생각

- 내가 탐정 비케트라면 암소 실종 사건을 어떻게 추리했을까?
- 탐정은 주로 어떤 일을 할까?
- 세상에서 가장 똑똑한 탐정은 누구일까?

이 책은 어때요?

책 제목 숲속의 비밀
지은이 하라 교코 글 / 김정화 역 / 오정림 그림
출판사 크레용하우스

　친구들은 책을 읽을 때 주로 혼자서 읽나요? 책 속 주인공 유카는 엄마와 함께 읽는 것을 좋아합니다. 정확히 말하면, 엄마가 읽어 주는 걸 좋아하지요. 엄마는 유카가 흉내 낼 수 없는 마녀라든가 아름다운 공주의 목소리도 낼 수 있기 때문이에요.

　하지만 동생이 태어난 뒤 엄마는 바빠졌답니다. 유카는 혼자 책을 읽어야 했고요. 결국 유카는 아무도 없는 단풍나무 숲에서 소리 내 책을 읽게 되는데요. 처음에는 누군가 자신의 목소리를 들을까봐 걱정했지만 아무 일도 일어나지 않았어요. 오히려 목소리가 또렷해졌고 기분이 좋아 책도 술술 읽혔어요.

　선생님은 유카에게 묻고 싶은 게 많아졌어요. 어떤 책이 가장 재밌었는지, 어떤 책이 슬펐는지, 그리고 책을 읽고 난 뒤 어떤 기분이 들었는지 하는 것들이에요.

아홉 살에 처음 만나는 독서록

독서 퀴즈

책을 읽고 난 뒤, '이 지식은 다른 사람들과 나누면 좋겠다.'라는 생각을 할 때가 있을 거예요. 그런 생각이 들 때는 독서 퀴즈를 만드는 방법이 있답니다.

독서 퀴즈를 만들 때는 책에 나온 이야기에서 고르면 돼요. 그리고 10문제에서 20문제가량 만드는 것이 적당합니다. 독서록에 문제를 적고 밑에 답을 쓰거나 혹은 답을 쓰지 않는다면 답을 잘 기억하고 있으면 되겠지요?

참, 독서 퀴즈를 만들면 좋은 점이 있어요. 어렵다고 생각했던 책 내용과 지식을 오랫동안 머릿속에 간직할 수 있답니다. 물론 퀴즈를 풀면서 가족 혹은 친구들과 좋은 시간을 만들 수도 있겠고요.

우리 집 가족은 퀴즈를 아주 좋아해요. 그래서 텔레비전에서 퀴즈 프로그램이 나오면 꼭 보려고 한답니다.

오빠는 퀴즈가 나오면 주먹을 불끈 쥐고는 "내가 몽땅 맞혀 버릴 거야!" 하는데요, 실제로 많이 맞히진 못한답니다. 왜냐면 책 이야기는 잘 알지만 〈알뜰살뜰 살림 퀴즈〉라든가, 〈탐정대 탐정 퀴즈〉 등은 잘 모르거든요.

그런데 주원이도 퀴즈를 좋아한다고 해요. 특히 역사와 그림에 관련된 퀴즈가 나오면 자신 있대요.

저요? 물론 영화와 관련된 퀴즈는 자신 있답니다. 제 꿈이 세계적인 여배우잖아요.

그러고 보니 모두가 척척박사는 아니었어요. 제가 좋아하는 것은 관심이 있지만, 관심이 없거나 배우지 못한 것은 모르잖아요.

　아빠가 그런 말을 한 적이 있답니다.

　"나 혼자 산에 남겨졌는데, 배가 너무나 고파서 무엇인가를 먹어야 한다고 생각해 봐. 그런데 눈에 보이는 풀과 버섯은 많아. 하지만 무엇을 먹어야 하는지 모르는 거지. 저기 보이는 노랑 버섯은 맛있어 보이지만 독이 있을 수 있고……, 저 풀은 쑥과 비슷하지만 쑥이 아닐 수 있잖니? 그래서 공부를 하는 거

야. 지금 꼭 필요한 지식이 아니더라도 쉬지 않고 천천히 공부한다면 살아가는 데 아주 큰 도움이 되지."

그래서 말인데요, 오빠가 서점에서 아주 멋진 책을 사 왔습니다. 책 제목이 《고래 책》이라나요?

엄마는 바다가 좋대요. 그래서 언젠가는 바닷가에서 살고 싶다고 해요. 바다에 살고 싶은 여러 이유 중 하나가 커다란 고래가 보고 싶어서래요.

흠……, 생각해 보니 저는 바다에서 고래를 본 적이 한 번도 없어요. 물론 동물원에서 본 돌고래도 멋졌지만, 넓은 바다에서 헤엄치는 고래를 눈앞에서 본다면 눈이 휘둥그레져 소리를 지를 것이 뻔해요.

"야아, 우리 봄이 이번 책은 진짜 마음에 드나 봐!"

오빠가 신기하다는 듯 말했어요.

"응, 이제부터 고래에 관한 건 모두 물어봐. 자신 있어!"

책을 몇 번이나 읽었는지 몰라요. 그래서 고래에 관한 지식이 머릿속에 콕 박힌 것 같은 느낌이랄까요?

"진짜? 그럼 내가 퀴즈 내도 괜찮아?"

"퀴즈?"

"재밌잖아. 저녁에 엄마, 아빠도 같이 퀴즈를 푸는 거야."

"엄마, 아빠는 고래에 관해 잘 모르실 텐데?"

"그럼 네가 1등 할 수 있단 말이야?"

저는 대답 대신 빙긋 웃었답니다. 분명한 사실이니까요. 또 은근히 저녁 시간이 기다려졌어요. 아마 엄마, 아빠가 깜짝 놀랄 것이 분명해요. 책 읽는 것도 싫어했던 제가 퀴즈까지 척척 푼다면? 우와, 생각만 해도 기분이 너무 좋아요.

"그럼 몇 문제 낼까?"

"10문제?"

"문제는 네가 만들 거지?"

"응, 지금 당장 만들어 볼게."

내일은 오늘 만든 퀴즈를 주원이에게 내보려고요. 주원이는 저보다 공부도 잘하고 아는 것도 많지만, 과연 고래에 관해서도 잘 알까요?

봄이가 쓰는 독서록

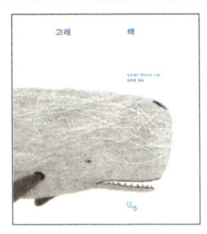	날짜	7월 18일
	책 제목	고래 책
	지은이	안드레아 안티노리 글·그림 / 홍한결 역
	출판사	단추

제목: 그것이 알고 싶다, 고래, 너는 누구냐?

    생각해 보니 동물은 좋아하지만 동물에 관해 알고 있는 것은 별로 없었다. 그중 고래가 그렇다. 책을 읽으며 고래가 '포유류'라는 것도 처음 알았다. 또 '포유'라는 뜻을 몰라 사전도 찾아보았다.

    포유류: 새끼를 낳아 젖을 먹여 키우는 동물의 총칭.

    고래도 물속에서 새끼들에게 젖을 먹여 키운다는 말이다. 궁금증이 꼬리에 꼬리를 물기 시작했다. 그래서 책을 단숨에 읽고 난 뒤 한 번 더 읽었다. 고래에 관한 이야기도 재밌었지만 고래에 관한 지식을 모두 머릿속에 넣고 싶어서다. 퀴즈도 10문제 만들었다.

1. 고래는 물고기인가요?

2. 고래는 물고기와 무엇이 다른가요?

3. 고래는 어떤 먹이를 먹을까요?

4. 고래는 사냥을 어떻게 할까요?

5. 고래는 공룡보다 더 클까요?

6. 고래 중 가장 큰 고래는 어떤 고래일까요?

7. 고래 성격은 어떨까? 사나울까, 온순할까요?

8. 고래는 사람을 잡아먹을까요?

9. 고래 수가 줄었는데 줄어든 이유는 왜일까요?

10. 수염고래라는 고래는 왜 수염고래라는 이름이 붙게 되었을까요?

문제를 만들다 보니 10개를 넘어갈 것 같다. 또 고래 박사가 된 것 같아 기분이 좋다.

꼬리에 꼬리를 무는 생각

- 고래 수명은 얼마나 되고, 죽을 때 어떻게 죽을까?
- 어미 고래는 엄청 크다, 새끼 고래가 어미 고래만큼 크려면 몇 년이 필요할까?
- 피노키오는 고래 뱃속에서 살아남았다. 그렇다면 사람도 고래 뱃속에서 살아남을 수 있을까?

이 책은 어때요?

책 제목 아홉 살에 처음 만나는 지구 마을 대표 동물들
지은이 마이클 A. 디스페지오 글 / 김완교 역
출판사 하늘을나는코끼리

　친구들 중에 '동물' 하면 눈을 번쩍 뜨는 친구들이 있을 거예요. 나는 동물 박사야! 하고 으스대는 친구들도 있을 테고요.
　그런데 지구 마을을 대표하는 동물들은 어떤 동물인지 알고 있나요? 《아홉 살에 처음 만나는 지구 마을 대표 동물들》 책 속에는 전 세계 동물들이 살고 있는 생태와 환경뿐만 아니라 지도와 사진, 그리고 재미난 이야기가 함께 실려 있답니다. 또한 책 속에 등장하는 모든 동물은 찾아보기를 통해 손쉽게 찾을 수 있기에 책장이 술술 넘어간답니다.

아홉 살에 처음 만나는 독서록

시로 독서록 쓰기

시란 내가 생각하고 느낀 것을 짧은 문장으로 표현하는 것을 말한답니다. 여러분도 교과서나 책 속에서 동시를 읽어 봤을 거예요.
그래서 가끔은 독서록에 내 마음을 표현한 시를 쓰는 것도 한 방법인데요. 짧은 문장 안에 하고 싶은 말을 다 넣는 건 어렵겠지요.
어렵게만 느껴지는 시……. 어떻게 쓰면 좋을까요. 우선은 중심 내용을 간략하게 머릿속에서 정리한 다음, 무엇에 관해 쓸 것인지 생각해 보세요.
그 '무엇'이란 책의 줄거리가 될 수도 있고, 마음 깊이 와 닿았던 주인공을 시로 표현할 수도 있어요.
참, 시를 쓰는 데는 수학처럼 정해진 답이 없다는 사실 아시죠? 자유롭게 내 마음을 시로 이야기해 보세요.

"휴, 무엇으로 장기 자랑을 해야 할지 모르겠어."

저도 모르게 한숨을 쉬며 중얼거렸습니다.

"그건 나도 마찬가지야."

이번에는 주원이도 천장을 보며 말했습니다.

친구들은 이번 장기 자랑을 위해 준비를 많이 했어요. 유빈이는 드라마 〈그녀는 예뻤다〉 주제가를 피아노로 치기로 했고, 도윤이는 네 컷 만화를 그리기로 했다는데……, 저는 무엇을 해야 할지 모르겠어요. 사실은 잘하는 것이 없어 고민하고 있거든요.

"연극을 하거나 영화를 만들면 내가 주인공 하면 되는데……."

이렇게 말했더니 오빠가 기다렸다는 듯 말했습니다.

"혼자서 하는 연극도 있어. 멋지게 관객들을 보며 대사를 읊조리는 거지. 어때, 해 보지 않을래?"

'말도 안 돼! 창피하게 혼자 하라고?'

오빠는 제 마음속을 훤히 보는 것 같습니다. 혼자 씩 웃더니 방에서 리코더를 가지고 나왔습니다.

"그럼 리코더를 부는 거야. 생각보다 어렵지 않아."

오빠의 이 한 마디에 드라마 〈사랑의 용광로〉 주제곡을 연습했는데요. 어쩜 이렇게 어렵고 힘들 수가 있죠? 리코더 연주가 끝나고 나면 입술이 퉁퉁 부르트는 것 같고, 입 속 침이 몽땅 사라진 기분이었어요. 하지만 여기서 끝낼 수는 없었지요. 내일 주원이 앞에서 리코더 연주를 하기로 했거든요.

아, 궁금해요. 내일 주원이가 뭐라고 이야기할지요.

주원이는 도무지 알 수 없는 표정을 지었어요. 처음에는 달처럼 환히 웃고 있었는데요. 연주를 시작한 지 10초가 좀 되었을까요? 주원이 눈동자가 그네처럼 흔들리기 시작했어요.

그러고는 가만히 두 손으로 턱을 괴었어요. 운동장 한구석이었기 때문에 우리를 보는 사람들은 아무도 없었지만, 저는 갑자기 창피한 느낌이 들었어요.

뭔가 잘못된 느낌이랄까요? 맞아요, 주원이가 미간을 찌푸렸어요. 번개만큼 빠른 속도였지요.

"별로야?"

"음……."

"심각해?"

"그게 봄아……."

저는 울고 싶었지만 꾹 참았어요. 여기서 울음을 터뜨린다면 너무 창피하잖아요. 그런데 주원이가 책 한 권을 내밀었어요.

"뭐야, 이 책은?"

"첼로를 켜는 고수 이야기야. 정확히 말하면 너처럼 서투르게 리코더, 아니 첼로를 켜는 고수 이야기."

"넌 리코더 연주를 들어 보기도 전에 이 책부터 가져온 거야?"

"네가 리코더 연주를 잘해도 줬을 거야. 이 책을 읽으면 꼭 시를 읽는 것처럼 행복한 기분이 들거든."

주원이 말은 그야말로 알쏭달쏭, 속을 알 수 없었지만 아무려면 어때요? 주원이가 좋아하는 책이라면 저도 읽으려고요.

또 이 책을 읽으면 행복한 기분이 든다잖아요?

"그 책을 읽고 시를 썼어."

다시 주원이가 말했어요.

"시를 썼다고?"

주원이가 시를 쓰다니……. 솔직히 조금 놀랐어요.

"응, 이번 장기 자랑에 낼 자작시. 어때, 너도 나랑 같이 쓰는 건?"

같은 책을 읽는 것도 기분 좋은데 시까지 같이 쓰자고? 저는 리코더를 얼른 가방에 넣으며 말했어요.

"그런데 시는 어떻게 써야 해?"

봄이가 쓰는 독서록

날짜	7월 30일
책 제목	첼로 켜는 고슈
지은이	미야자와 겐지 글 / 박종진 역 / 오승민 그림
출판사	여유당

제목: 고슈, 너를 응원해!

고슈는 연주회를 열흘 앞두고 답답한 마음에 울고 말았다. 첼로를 켜는 솜씨도 없지만 첼로도 낡았기 때문이다. 지휘자는 그런 고슈에게 매번 야단을 쳤다. 고슈도 집에 돌아와 연습을 하지만 쉽지 않았다. 그런데 신기한 일이 벌어졌다. 나흘 동안 동물들이 고슈를 찾아와 첼로 연주를 부탁한 것이다.

행복한 고슈

첫날 밤
고양이가 찾아왔다

잠이 안 와
고슈, 첼로를 연주해 줘

둘째 날 밤
뻐꾸기가 찾아왔다
멀리 나가기 전
도레미 소리를 정확히 배우고 싶어

셋째 날 밤
아기 너구리가 찾아왔다
첼로 소리에 맞춰 북 장단을 배울 거야
지금 첼로를 켜 줘

넷째 날 밤
엄마 들쥐가 찾아왔다
우리 아기가 아프단다
아기를 위해 첼로 연주를 해 줘

고슈는 매일 밤 투덜거렸다
하지만
첼로를 잘 켜게 된 밤은
행복했다
집에 찾아온 동물들에게도
마음속으로
감사 인사를 했다

엄마가 도와줘서 쓴 시지만 마음에 든다. 그리고 독서록을 시로 쓰니 신기하면서도 재미있었다.

꼬리에 꼬리를 무는 생각

- 고슈는 왜 첼로 켜는 일을 포기하지 않았을까?
- 궁금해, 첼로는 어떤 소리가 날까?
- 실제로 동물들도 첼로 소리를 좋아할까? 좋아한다면 다른 악기 소리도 좋아할까?

이 책은 어때요?

책 제목 너처럼 예쁜 동시, 나태주 동시 따라 쓰기
지은이 나태주 글 / 윤문영 그림
출판사 한솔수북

　시란 무엇이고 동시란 또 무엇일까요? 우리 친구들에게 풀꽃 시인 나태주 님이 다정한 동시를 전해 주려 한답니다. 동시 한 편, 한 편을 천천히 읽고 쓰다 보면 친구들도 예쁜 말과 고운 마음을 배울 수 있을 거예요.
　시는 쓰는 것도 중요하지만 그 전에 소리 내 읽는 것도 아주 중요합니다. 책을 쓰신 나태주 시인도 그런 말씀을 하셨답니다. 시를 소리 내어 읽으면서 베끼면, 한 편의 시를 세 번 읽는 효과를 얻을 수 있다고요.
　친구들도 아름다운 노랫말과 같은 시를 외우고 싶거나, 혹은 가슴에 간직하고 싶다는 바람을 가졌으면 좋겠습니다.

아홉 살에 처음 만나는 독서록

나와 주인공 비교하기

책을 읽다 보면 이야기 속 주인공에게 푹 빠질 때가 있답니다. 친구들도 분명 그런 경험이 있을 거라고 생각해요.
한번 생각해 보세요. 어떤 주인공에게 마음을 빼앗겼나요? 아니면 그 친구들과 나를 비교해 본 적은 있나요?
우선은 주인공이 생활하는 공간을 들여다보면서 주인공의 생김새와 성격 등을 살펴보는 것이 좋아요. 그래야지만 주인공을 통해 나의 솔직한 모습을 들여다볼 수 있거든요.

사람들은 말해요. 제가 엄마 얼굴을 쏙 빼닮았다고요.

맞아요, 웃을 때 왼쪽 보조개가 살짝 들어가는 것도 똑같고, 좋아하는 음식과 과일도 비슷해요.

또 엄마가 웃으면 같이 덩달아 기쁘고, 엄마가 슬픈 얼굴을 하고 있으면 저도 이상하게 마음이 슬퍼지거든요. 그래서 저는 세상에서 엄마가 제일 좋아요. 마음도 잘 통하고요.

하지만 엄마의 어렸을 때 꿈은 저와는 완전 다르더라고요. 그러니까 뭐였지? 아, 맞다! '현모양처(賢母良妻)'였다고 해요.

"현모양처? 그건 뭐지?"

내가 고개를 기웃거리자 오빠가 한숨을 푹 쉬더니 비웃듯이 말했어요.

"어이구, 무식하긴……, '현모양처'란 말이지, 인자하고 어진

 어머니이자 착하고 좋은 아내를 말하는 거야. 대표적인 인물을 말하라면 신사임당과 같이 훌륭한 분이 계시지. 근데 신사임당이 누군지는 알고 있으려나?"

 아무려면 제가 신사임당을 모를까요? 그러니까 신사임당이란 분은……, 음……, 어쩌죠, 생각이 나지 않아요.

 그러자 기다렸다는 듯 엄마가 지갑에서 지폐 한 장을 꺼내 보이며 눈을 찡긋하지 않겠어요?

어, 저건? 오만 원 지폐인데, 지폐 속 주인공이 신사임당이네요!

"저것 봐, 모르고 있었네! 아휴, 창피하니까 얼굴도 빨개졌어!"

오빠가 다시 놀렸지만 이번에는 아무 대꾸도 하지 않았어요. 사실 '신사임당'에 관해 아는 것이 별로 없더라고요.

"엄마, 근데 엄만 왜 현모양처가 되고 싶었어?"

저는 궁금했어요. 많고 많은 장래 희망 중 현모양처라니요? 너무 시대에 뒤떨어진 꿈이 아닐까 싶어서요.

그런데 엄마 대답이 뜻밖이었어요.

"정확하게 말하면 현모양처가 아니라, 신사임당을 닮은 여성이 되고 싶었지. 그리고 봄이가 신사임당이 얼마나 훌륭한 분이신지 모르는구나? 신사임당은 인자한 어머니이자 자식교육도 잘 시키신 분이셨어. 그리고 남성 중심의 사회에서 어려운 삶을 살면서도 그림을 손에서 놓지 않은 진정한 예술가셨단다."

솔직히 엄마 이야기를 듣고 있으려니 마음이 다급해졌답니다. 왜냐고요? '신사임당'에 관해 조금 더, 아니 더 많이 알고 싶어졌거든요.

"눈치챘다!"

오빠가 말했어요.

"뭘?"

저는 입을 비죽 내밀며 말했습니다.

"너, 신사임당에 관한 책 읽고 싶지? 네 눈만 보면 다 알 수 있어!"

"흐흐, 내 얼굴이 그렇게 보여?"

"기다려 봐, 내가 인터넷 서점에서 주문할게."

"책은 언제 오는데?"

"총알 배송이니 내일이면 오겠지?"

오빠가 킥킥 웃더니 휴대폰 화면을 빠르게 두드렸어요.

"우리 봄이, 신사임당 책 읽고 푹 빠지는 거 아니야?"

엄마가 웃으며 말했어요.

에이, 설마요! 신사임당이 아무리 멋진 분이라도 이 세상에서 제가 가장 사랑하는 엄마만큼은 아니겠지요?

봄이가 쓰는 독서록

날짜	8월 9일
책 제목	아홉 살에 처음 만나는 신사임당
지은이	이미영 글 / 이관수 그림
출판사	하늘을나는코끼리

제목 : 그림을 좋아한 소녀!

엄마의 장래 희망 이야기를 듣고 읽게 된 ≪아홉 살에 처음 만나는 신사임당≫ 책은 다른 어떤 책보다 재미있었다. 솔직히 신사임당이란 인물이 궁금하기도 했는데 내가 가장 신나게 읽은 부분은 따로 있다. 바로 신사임당이 그림 그리는 일에 몰두했을 때다. 마치 내가 영화를 좋아하는 것처럼 말이다.

신사임당은 어렸을 때부터 관찰력이 뛰어났다고 한다. 그리고 한번은 벌레 그림을 그렸는데 닭이 진짜 벌레인 줄 알고 그림 속 벌레를 부리로 쪼았다고 한다.

얼마나 관찰력이 좋으면 진짜 벌레처럼 그림을 그릴 수 있을까? 설마

365일 벌레만 본 건 아니겠지? 엄마 말로는 조선 시대에는 여성의 지위가 많이 낮았다고 한다. 그래서 자신의 꿈을 펼칠 기회가 많지 않았다고 한다. 하지만 신사임당은 자신의 꿈을 포기하지 않고 멋진 그림을 많이 그리셨다.

책을 읽으며 조금 아쉬운 점이 있었다. 바로 신사임당이 조선 시대 사람이 아니었다면 얼마나 좋았을까, 하는 생각이었다. 하지만 어려운 생활 속에서도 꿈을 포기하지 않았기에 만 원도 아니고 오만 원 지폐 주인공이 되었다고 생각한다. 그리고 마지막으로 나도 내 꿈을 위해 노력하기로 했다. 신사임당만큼 훌륭한 위인이 되긴 힘들겠지만, 노력은 꿈을 배신하지 않는다는 엄마 말이 생각났기 때문이다.

꼬리에 꼬리를 무는 생각

- 신사임당의 아들 율곡 이이는 어떤 분이지?
- 조선 시대 여성들은 왜 지위가 낮았을까?
- 조선 시대에 활동한 또 다른 여성 예술가로는 누가 있을까?

이 책은 어때요?

책 제목 나의 초록색 가족
지은이 토마 라바셰리 글 / 김지애 역
출판사 씨드북

　지구를 떠난 한 소녀에 관한 이야기예요. 소녀는 외계인 가족에게 입양되었거든요.

　외계 행성에서 소녀는 한 번도 본 적 없는 세상을 만나게 됩니다. 나와는 다른 초록색 얼굴도 모자라 팔이 네 개인 가족과 살게 되거든요. 게다가 부드러운 빵 대신 젤리같이 물컹한 음식을 먹게 되고요. 물론 지구에서 살 때 사용하던 말은 사용할 수 없게 됩니다. 말도 달랐으니까요.

　하지만 소녀는 느끼게 된답니다. 어느새 가족과 친구들이 소녀를 진심으로 아끼고 사랑한다는 사실을요.

아홉 살에 처음 만나는 독서록

뒷이야기 이어 쓰기

책을 읽다 보면 끝부분이 아쉽게 끝날 때가 있지 않나요? 재미있는 이야기는 조금 더 길게 늘였으면 좋겠고, 끝 이야기가 마음에 들지 않으면 새롭게 이야기를 덧붙이고 싶을 때가 있었을 거예요.

물론 이야기는 이미 끝났지만, 책 속 주인공에게 이런 일이 생겼다면 어떨까? 혹은 다른 사건이 생기지는 않았을까? 이런 생각을 하면서 새로운 이야기를 만들 수 있답니다. 글을 쓰는 사람이 곧 작가이니, 친구들도 작가가 되어 보는 건 어떨까요? 친구들의 상상력은 끝이 없으니, 분명 신나고 재미있는 이야기가 나올 거라 믿어요.

"우와, 무서워!"

저도 모르게 몸을 움츠리며 소리쳤습니다.

텔레비전 속 태풍이 너무도 강력해 무엇이든 다 휩쓸어 버릴 것만 같았거든요. 태풍은 어느새 커다란 나무도 뽑아 버리고 무거운 간판도 날려 버려 이미 도시 전체가 재난 상태가 되었지요.

"맞아, 아직 한국에는 저렇게 강력한 태풍은 없었지. 근데 미국은 한국과 달라서 강력한 태풍이나 토네이도가 많지."

아빠가 기다렸다는 듯 말했어요.

"토네이도가 뭐야?"

이번에는 제가 물었어요.

"응, 깔때기 모양의 소용돌이 폭풍이야."

"아, 영화에서 봤다."

생각해 보니 극장에서 보았지 뭐예요.

맞아요, 그때도 지금처럼 더운 여름이었어요. 왠지 하늘에서 생기는 현상은 모두 신기해요. 비가 내리는 것도 신기하고, 눈이 내리는 것도 신기해요. 물론 강력한 태풍 혹은 토네이도가 도시 전체를 휩쓸 때는 더욱 신기한 마음이 들지요.

"그런데 봄아, 너희 반에서 같이 읽기로 한 책이 뭐였지?"

오빠가 물었어요.

"응, 《아홉 살에 처음 만나는 오즈의 마법사》야. 왜?"

저는 오빠를 보며 말했어요.

"어이쿠, 거기 토네이도도 보통 아닌데!"

"뭐가?"

"책 속에 나오는 토네이도가 집뿐만 아니라 도로시랑 강아지 토토까지 날려 버리거든!"

"왈 – 왈!"

앗, '강아지 토토'란 말이 끝나자마자 우리 집 만두가 짖지 뭐예요? 나는 후다닥 뛰어가 가방 속 책을 꺼내들었어요.

"오빠, 이 책 속에도 토네이도가 나온다고?"

"응, 그것도 어마어마한 토네이도인데……, 이야기가 너무 재미있어서 그 여운이 오래갈 거야."

또 궁금해졌어요. '여운'이란 말은 뭐죠?

"내가 그럴 줄 알았다. '여운'이란 말은 어떤 일이 끝나고 나서도 마음속에 잔잔히 남는 마음을 말해. 조금 더 쉽게 말하면 '이대로 끝나서 아쉽다?' 그래서 내 마음이 막 움직이는 거야."

"응? 응……."

오빠 말을 들었지만 사실 아리송하지 뭐예요.

"결론은 책을 읽고 나면 분명 그 뒷 이야기를 더 지어내고 싶다는 생각이 들 거야. 나도 그랬거든. 책이 너무 재밌을 때도 그렇지만, 뭔가 아쉬움이 남을 때도 그 뒷이야기가 궁금하잖아."

아휴, 그래서 저도 결론을 냈답니다. 지금 당장 《아홉 살에 처음 만나는 오즈의 마법사》 책을 읽어 보기로요. 그래야만 이야기를 더 만들지, 안 만들지 결정할 수 있잖아요.

"근데 봄아, 만두랑 산책은 언제 나가?"

엄마가 물었습니다.

"엄마, 미안한데 엄마가 대신 산책 나가면 안 될까? 나 지금 급하단 말이야."

저는 책을 들고 방으로 쏙 들어갔습니다. 만두가 다시 '컹' 하고 짖었지만 어서 빨리 책을 읽고 싶었거든요.

봄이가 쓰는 독서록

날짜	8월 15일
책 제목	아홉 살에 처음 만나는 오즈의 마법사
지은이	라이먼 프랭크 바움 글 / 강미경 역 / 유유 그림
출판사	하늘을나는코끼리

제목: 이야기는 끝이 없다!

　이번에 우리 반에서 읽기로 한 책은 《아홉 살에 처음 만나는 오즈의 마법사》다. 생각해 보니 유치원 때 뮤지컬로 본 적이 있다. 그때는 배우들의 노래와 춤에 빠져 이야기가 얼마나 재밌는지 몰랐다. 그런데 책으로 읽고 난 뒤 생각이 바뀌었다.

　세상에, 이렇게 신기한 일이 많다니! 또 너무도 재밌는 사건들로 넘쳐서 시간 가는 줄 모르게 책을 읽었다.

　만약 내가 사는 집이 통째로 날아간다면 어떨까? '내가 사는 집이 아파트여서 날아가긴 힘들겠지.' 또 속이 텅 빈 허수아비나 양철 나무꾼을 만나면 어떨까? 솔직히 이런 재미있는 이야기를 만들어 낸 작가가 너무 위대해 보였다.

아쉬운 점은 도로시가 집으로 돌아온 뒤다. 물론 모두가 행복한 결말을 맞이했지만 오빠 말대로 이야기가 여기서 끝이 나서는 안 된다는 생각이 들었다. 왜냐하면 재미있는 이야기는 끝이 없기 때문이다. 그래서 그 뒤 줄거리를 써 봤다.

도로시가 집으로 돌아온 뒤 이번에는 토토와 함께 넓은 대서양으로 나간다. 이번에는 강아지 토토가 말썽을 부린 것이다. 물론 이번 이야기에는 겁쟁이 사자와 깡통 나무꾼 등이 등장하진 않지만 새로운 등장인물이 있다. 바로 깊은 바닷속에 사는 인어들이다. 그런데 큰일이다, 계속해서 새로운 이야기가 머릿속에 떠오른다!

꼬리에 꼬리를 무는 생각

- 겁쟁이 사자 말고 겁이 많은 동물은 무엇일까?
- 여행을 떠난다면 누구와 함께 가면 좋을까?
- 마법사가 되기 위해서는 어떤 방법이 있을까?

이 책은 어때요?

책 제목 아홉 살에 처음 만나는 거울 나라의 앨리스
지은이 루이스 캐럴 글 / 강미경 역 / 유유 그림
출판사 하늘을나는코끼리

　친구들 모두 시계를 손에 쥔, 아주 잘 차려입은 토끼를 쫓아 뛰어간 앨리스를 기억하고 있을 거예요.
　그런데 이번 이야기는 좀 다르답니다. 엉뚱 발랄한 이상한 나라의 앨리스가 체스 게임의 말이 되어 거울 속 환상의 세계로 모험을 떠난답니다.
　앨리스는 그곳에서 아름다운 정원의 꽃들과 대화를 나누고, 뜨개질하는 양과 함께 배를 타고 노를 저어요. 또 트위들덤과 트위들디, 험프티 덤프티와 인사할 때는 주의를 기울여 인사하지요. 아주 까다로운 친구들이거든요!
　물론 이번 이야기도 아주 재미나답니다. 책장을 덮고 난 뒤, 다시 이야기를 만들어 내고 싶을 정도로 말이지요.

아홉 살에 처음 만나는 독서록

우리 가족과 비교하여 쓰기

책을 읽으면서 책 속 등장인물이 우리 가족과 비슷하다는 생각을 해 본 적이 있나요? 아니면 주인공이 우리 가족과 다르다는 생각은요? 선생님은 책을 읽으면서 두 가지 경험 모두 해봤어요. 왜 이런 생각을 하는 걸까요? 이유는요, 책 속 이야기가 곧 사람들이 사는 생생한 모습이기 때문이에요.

한 번쯤은 책 속 주인공들과 가족들을 비교해 쓰는 것도 재미있는 글 쓰기가 될 거예요. 그러면 어떤 점이 다른지, 어떤 점이 비슷한지 잘 알 수 있어서 다시 한번 가족을 돌아보게 되는 소중한 시간을 갖게 될 테니까요.

영화 보러 가기로 한 날이에요. 엄마는 친구들과 약속이 있어 함께 가지 못했어요. 그래도 괜찮아요, 아빠도 있고 오빠도 있으니까요.

　표를 예매하고 갔기에 시간은 많았어요. 같은 건물에 있는 칼국숫집에서 점심도 먹고 새로 생긴 서점도 구경했어요.

　그런데 조금 이상한 경험을 했어요. 전에는 책이라고 하면 머리를 흔들었는데 이제는 그런 마음이 사라진 거예요. 오빠와 함께 책도 구경하고 필요한 문구도 샀답니다. 아빠요? 아빠는 서점 한구석에 있는 의자에 앉아 꾸벅꾸벅 졸았지요.

　아빠는 365일 매일 바쁘대요. 그래서 밥을 먹으면서도 휴대폰을 보고, 가끔은 주말에도 전화를 받고는 회사로 달려갈 때도 있답니다. 그럴 때 우리 가족의 모습은 모두 달라요.

엄마는 화를 내면서도 아빠가 안쓰럽다고 말하고, 오빠는 그런 아빠를 우리가 더 응원해 줘야 한다고 말해요. 저요? 저는 아빠가 좋지만 명절이나 주말에는 저와 조금 더 놀아 줬으면 좋겠다는 생각을 해요.

　그런데 오늘 아빠가 시간을 내 줬지 뭐예요? 아빠가 영화를 예매했다는 소릴 듣고 저는 기분이 너무 좋아 꺄악- 하고 소릴 질렀어요.

　"이제 슬슬 극장 안으로 들어갈까?"

　아빠가 말했어요.

　우리는 계산을 마친 책과 문구를 봉투에 넣고 극장 안으로 들어갔어요.

극장 안에는 우리 가족 말고도 많은 사람이 있었어요.

"영화가 상을 탔다니까 사람이 많이 왔네?"

오빠도 놀란 눈치였어요.

저는 아무래도 괜찮았어요. 영화관에 가면 제가 좋아하는 영화를 보기도 하지만 좋아하는 팝콘과 콜라도 맘껏 먹을 수 있으니까요.

"시작한다!"

제가 아빠와 오빠 사이에 앉으며 말했어요.

영화 상영 시간은 2시간이 조금 넘었는데 생각보다 지루했답니다.

직업이 기자인 남자 주인공은 멋지지도 않았고, 여자 주인공은 주근깨가 많이 난 수다쟁이였어요. 그래도 두 주인공은 추운 겨울 산을 잘 헤쳐 나와 구조가 되었답니다. 몇 번의 죽을 고비도 넘겼지요.

솔직히 그때는 저도 모르게 침을 꿀꺽 삼켰는데요. 중간에 우연히 아빠와 오빠를 바라보았습니다.

그런데요! 아빠와 오빠 눈이 얼마나 커졌는지 몰라요. 목은 앞으로 쭉 뺀 채 말이지요. 그야말로 영화에 폭 빠져 제가 커다란 팝콘을 몽땅 먹은 것도 몰랐지요.

"재밌어요?"

제가 다시 두 사람에게 물었어요.

하지만 아무도 대답하지 않았어요. 장래 희망이 영화배우인 저도 덤덤한데, 갑자기 아빠와 오빠가 눈물을 흘리기 시작했으니 대답을 못 할 수밖에요.

"오빠 울어?"

오빠는 대답 대신 고개를 끄덕였습니다.

"아빠 울어?"

아빠는 대답 대신 코를 한 번 팽! 풀었습니다.

한 번도, 한 번도 본 적 없는 모습이었습니다. 아빠와 오빠가 우는 모습을요.

집에 돌아오자마자 엄마에게 달려가 고자질을 했습니다.

"엄마! 글쎄 영화에서 주인공 두 사람이 막 구출되는 장면 있거든! 거기서 두 사람이 '우린 살았다!' 하면서 둘이 껴안고 우는 장면……. 근데 거기서 아빠랑 오빠가 우는 거 있지?"

흥분한 제 목소리와는 달리 엄마 목소리는 덤덤했습니다.

"너, 처음 봤구나? 아빠랑 오빠, 눈물이 얼마나 많은 줄 알아?"

봄이가 쓰는 독서록

	날짜	8월 23일
	책 제목	두더지 아빠의 일요일
	지은이	이영환 글·그림
	출판사	씨드북

제목: 아빠, 사랑해요!

영화관 건물에 있는 서점에서 아빠가 사 준 책이다. ≪두더지 아빠의 일요일≫이라는 제목도 재미있었지만, 두더지 아빠는 일요일을 어떻게 보내는지 궁금했다.

나는 책을 읽으면서 우리 아빠를 보는 것 같아 깜짝 놀랐다.

아빠도 일요일이면 잠에서 깨지 못한다. 내가 열 번은 넘게 불러야 간신히 일어난다. 그뿐만이 아니다. 밥을 먹으면서도 일을 하고, 일하면서 우리들과 이야기를 나눈다.

궁금하다. 두더지 아빠와 우리 아빠는 왜 이렇게 잠도 많고 피곤해할까?

나도 학교 가는 것과 학원 가는 일이 얼마나 피곤한데!

하지만 두더지 아빠가 막힌 길을 뚫고, 고양이들이 엉망으로 만들어 놓은 놀이동산을 고칠 때는 감동했다.

'만약 우리 아빠라면 어떻게 행동했을까?' 하는 생각도 해 봤다. 물론 아빠도 놀이동산에 가자고 조르는 날 위해 막힌 길을 뚫었을 것이다. 또 놀이동산을 새로 고치지는 못해도 다른 놀이동산에 데려가 줬을 것이다.

아빠들은 바빠도 우리에게는 희생적이다. '희생'이란 말은 엄마에게 배웠는데, 희생은 아무나 할 수 없는 일이라고 했다.

두더지 소년도 분명히 나처럼 아빠를 많이 사랑했을 것이다. 두더지 아빠와 우리 아빠는 잠도 많고 조금은 게으르지만, 자식을 위해 희생을 하는 멋진 분들이다.

꼬리에 꼬리를 무는 생각

- 아빠가 회사에 다니지 않고 주부가 되면 어떨까?
- 엄마는 내가 핑계를 많이 댄다고 말하는데 아빠도 똑같다고 생각한다. 왜 엄마는 아빠와 나를 차별하지?
- 나는 가끔 친구들 아빠와 우리 아빠를 비교하는데, 아빠도 다른 집 딸과 나를 비교할까?

이 책은 어때요?

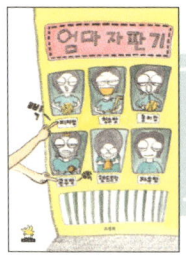

책 제목 엄마 자판기
지은이 조경희 글·그림
출판사 노란돼지

　우리 친구들은 자판기에서 주로 무엇을 사나요? 여기 아주 이상한 자판기가 있답니다. 다른 것도 아닌 '엄마 자판기'예요. 신우는 매일 생각해요. 바쁜 엄마와 놀고 싶다고요. 그런데 신우 엄마는 토요일에도 일을 해야 할 만큼 바쁩니다. 신우는 그런 엄마를 보며 생각하지요. '엄마가 사라졌으면 좋겠어.' 자신과 놀아 주기는커녕 잔소리까지 하는 엄마가 싫었던 거지요.

　우리 친구들은 엄마가 멀리 사라졌으면 좋겠다는 생각을 한 적 없나요? 하지만 신우는 곧 엄마 자판기를 누르고 맙니다. 엄마가 없는 세상은 말도 안 되거든요. 그래서 자판기에서 나온 엄마들과 즐겁게 지내는데요, 생각해 보니 이 모든 놀이가 오래전에 엄마와 함께했던 놀이더라고요.

아홉 살에 처음 만나는 독서록

정보를 이용하여 쓰기

친구들은 책을 읽으면서 새로운 정보와 지식을 얻을 거예요. 만약 책을 읽지 않는다면 책 속 정보와 지식을 늦게 알거나, 혹은 영영 알 수 없을 수도 있고요.

이처럼 우리는 알지 못했던 책 속 이야기를 오랫동안 머릿속에 간직하지요. 독후 활동을 할 때 잊기 쉬운 정보를 이용해 쓰는 방법이 있답니다.

처음에는 눈으로 읽지만 나중에는 글로 쓰면서 한 번 더 기억하는 거죠. 중요한 내용이라면 정보를 이용해 쓰는 방법이 더욱 효과가 있을 거예요. 사회나 과학, 예술 등을 다룬 지식 책이라면 더 좋겠지요?

"어디 갔지? 분명 지갑 안에 뒀는데……."

오빠가 볼멘소리로 말했어요. 도서관 카드를 잃어 버렸거든요. 그런데 얼굴이 무척 심각하답니다. 마치 돈을 잃어 버린 것처럼요.

"새로 만들면 되잖아."

제가 가방을 손에 들며 말했습니다.

"그건 알지. 그런데 여기 이사 오자마자 만든 카드란 말이야. 결론은 정이 들어 잃어 버리면 안 되지."

도서관 카드랑 사귀기라도 하나요? 하긴 오빠는 버스 카드만큼이나 도서관 카드를 사용하니 중요한 물건이긴 하죠.

"빨리 가자. 주원이 기다려."

"알았어! 근데 주원이도 책 좋아해?"

"나보다는 좋아하지. 히히!"

"얼굴이 딱 모범생처럼 생겼던데……."

"그래서 나랑 친하잖아."

"웃겨!"

밖으로 나오자마자 우리 셋은 이야기를 하며 걸었어요. 도서관에 가는 길인데도 기분이 좋았답니다. 마치 기다리고 기다리던 소풍을 가는 기분이었지요.

그때였어요.

제 이야기가 거짓말이라 하겠지만, 분명 두 눈으로 똑똑히 보았어요. 커다란 시계를 손에 쥔 토끼가 헐레벌떡 뛰어가는 모습을요!

"오, 오빠! 지금 봤지? 저쪽 오뚜기분식 안쪽으로 뛰어간 토끼?"

너무 놀라 목소리까지 떨렸어요.

"토끼? 무슨 소리를 하는 거야? 주원아, 너는 봤니?"

오빠 물음에 주원이는 고개를 흔들었어요.

이게 무슨 일이죠? 그럼 제 눈에만 보였단 말인가요?

저는 곧장 토끼가 사라진 골목을 향해 뛰었어요. 갑자기 왜 그랬는지는 저도 모르지만, 세상에는 답이 없는 행동을 하는 경우도 있잖아요.

골목길을 돌고 다시 미니슈퍼 앞을 지나가는데, 토끼가 숨을 가쁘게 몰아쉬며 의자에 앉아 있었어요.

"너, 나를 쫓아 온 거니?"

토끼가 물었어요.

"응."

저도 숨을 헐떡이며 말했어요.

"난 갈 길이 바빠! 오늘만 도서관을 열 군데나 다녀야 한단 말이지."

"왜 도서관을 바쁘게 다니는데?"

"그건 알 필요 없고! 그럼 난 간다!"

"뭐라고?"

예의 없는 토끼 같으니라고! 토끼는 대체 도서관에서 무슨 일을 하는 걸까요?

터벅터벅 걸어 도서관에 도착하니 오빠와 주원이는 제가 온 줄도 모르고 이야기를 나누고 있었어요. 왜 늦게 왔느냐는 말도 하지 않고서요.

많이 화가 났어요. 왜 저한테는 관심이 없는 거죠?

도서관에는 생각보다 사람이 많지 않았어요. 그런데요, 주원이는 책을 빌리는 일이나 어떤 책이 어디에 꽂혀 있는지도 잘 알고 있네요. 독일에서 살다 와 아무것도 모르는 줄 알았거든요.

책을 고른 오빠와 주원이가 책상에 앉았어요. 맨 뒤 자리에 저도 앉았고요.

제가 빌린 책은 《오늘은 도서관 가는 날》이었어요. 책 제목이 마치 제 이야기를 하는 것 같아서요. 한데 책을 펼치자마자 무엇인가가 바닥에 툭! 하고 떨어졌어요.

뭐지? 땅바닥에 떨어진 물건은 책갈피였어요. 앗, 그런데 책갈피에 사진이 있었어요. 아까 시계를 들고 뛰어갔던 토끼가 윙크하며 웃는 사진이었어요.

"그 토끼잖아!"

사진 밑에는 작은 글씨도 적혀 있었어요.

"봄아, 아깐 먼저 와서 미안!"

봄이가 쓰는 독서록

날짜	8월 31일
책 제목	오늘은 도서관 가는 날
지은이	조셉 코엘료 글 / 피오나 룸버스 그림 / 명혜권 역
출판사	노란돼지

제목 : 도서관에만 있는 보물

도서관에 간 날, 이 책이 눈에 띄었다. 나는 도서관 가는 일이 평범한 일이라 생각했는데 주인공 루나에게는 그렇지 않다.

아빠와 떨어져 사는 루나는 아빠를 도서관에서 만나기 때문이다. 그래서 아빠를 만나는 날에는 도서관 카드와 돌려줄 책을 준비했다.

많은 사람이 루나와 같은 준비물을 가져가겠지만 왠지 특별해 보였다. 나도 책과 도서관 카드를 준비하기 때문이다.

루나는 좀 외로운 아이다. 그래서 좋아하는 마술을 배워 아빠를 데려오고 싶어 했다.

나는 도서관을 몇 번 다녀왔지만, 아주 많은 종류의 책이 있다는 것은 처음 알았다. 또 책을 빌리는 과정도 정확히 알게 되었다. 도서관을 몇 번

다니면 금세 알 수 있겠지만, 도서관에 처음 가는 친구들에게는 도움이 되는 책이라고 생각한다. 나도 처음에는 도서관에 가는 것이 어려웠다. 하지만 이 책을 읽고 난 뒤에는 자신이 생겼다.

혼자 도서관에 갈 수 있다는 자신감이랄까? 오빠 말대로 도서관에는 소중한 보물이 있는 것 같다.

루나는 아빠와 함께 보물을 찾고, 나는 누구와 보물을 찾아야 할까?

꼬리에 꼬리를 무는 생각

- 도서관을 처음 만든 사람은 누구일까?
- 도서관이 가장 많은 도시는 어디일까?
- 일 년 동안 책을 가장 많이 읽은 사람은 누굴까?

이 책은 어때요?

책 제목 아홉 살에 처음 만나는 오케스트라
지은이 이종운 글 / 유유 그림
출판사 하늘을나는코끼리

　두근두근 북을 치는 타악기, 띵가띵가 줄을 건드리는 현악기, 피릴릴리 피리 부는 관악기……. 친구들은 '오케스트라'라는 말을 들어 본 적이 있나요? 책 속에는 오케스트라에 대해 아무것도 모르는 세 어린이가 나오는데요. 친구들이 다니는 학교가 폐교 위기에 처하는 일이 생깁니다. 그래서 친구들은 학교 구출 작전에 들어가지요.

　이 책은 오케스트라가 무엇인지부터 시작해서, 오케스트라를 이루는 악기들도 소개한답니다. 물론 오케스트라 중에서 가장 중요한 악기가 무엇인지도 알려 주고요.

아홉 살에 처음 만나는 독서록

지은이 소개하기

책장을 넘기면 지은이 소개란이 있어요. 지은이란 책을 쓴 작가를 말하는데요. 친구들은 지은이 소개를 꼼꼼히 읽는 편인가요? 책을 처음부터 끝까지 꼼꼼히 읽는 것도 중요하지만 책을 쓴 지은이를 아는 것도 중요하답니다.

작가는 어떤 삶을 살았고, 어떤 생각을 하고 있는지를 알고 있다면, 작가가 쓴 책 속 이야기들을 더 깊이 이해할 수 있거든요.

독서록에 한 번쯤은 지은이 소개를 써 보세요. 그리고 지은이가 쓴 다른 책을 읽는 것도 좋은 독서 방법의 하나랍니다. 작가가 쓴 이번 책도 훌륭했지만, 다음 책을 읽기 위해 책을 펼치는 그 순간도 행복하니까요.

엄마는 요리하는 것을 좋아합니다. 요리 중에서도 우리 가족이 좋아하는 요리를 많이 하는데요. 아빠는 갈비찜을 좋아하고, 오빠는 스파게티를 좋아합니다.

　저요? 저는 아무거나 잘 먹지만 그중 한 가지만 고른다면 엄마가 만든 김치를 가장 좋아해요.

　엄마는 그래서인지 유명한 요리사들이 나오는 텔레비전 프로그램을 많이 봅니다. 또 요리사가 낸 책도 사서 보지요. 아빠는 여행 책을 많이 사 보고요.

　이야기했었나요? 아빠는 프로그래머인데 일과 관련된 책을 사서 볼 때는 머리가 아프다고 해요.

　음……, 아빠도 저와 비슷한 것 같아요. 저도 처음에는 책을 볼 때 머리가 지끈지끈 아팠거든요. 그런데요, 지금은 좀 달라졌어요.

　책을 읽고 난 뒤 궁금증이 많이 생기지 뭐예요. 책 이야기가 궁금해 끝까지 읽는 것은 물론이고요. 책을 쓴 작가가 많이 궁금하더라고요.

　"오빠, 지금 읽는 책은 뭐야?"

　거실에서 책을 읽고 있는 오빠에게 물었어요.

　"톨스토이가 쓴 《사람은 무엇으로 사는가》라는 책이야. 어? 그런데 지금 나한테 무슨 책 읽느냐고 물어 본 거야?"

　오빠는 책을 덮고 말했습니다.

　"응, 왜?"

　"내가 무슨 책을 읽든 관심 없었잖아."

　"이제는 관심이 생겼거든."

　"야아, 놀랍다, 놀라워! 우리 봄이 진짜 멋진 여배우가 되겠어. 내가 말했잖아, 책을 많이 읽으면 감정이 풍부해진다고."

　"됐고! 톨스토이는 누구야?"

129

많이 들어본 사람이었지만 궁금했어요. 누구지? 유명한 작가는 맞는 것 같은데……. 오빠는 의미심장한 웃음을 지어 보였어요. 그럼 그렇지, 하는 표정이랄까요?

그래도 괜찮았어요. 새롭게 알아가는 것은 중요하니까요. 부끄럽다고 질문을 하지 않는 것만큼 어리석은 것은 없다고 생각하거든요.

"좋은 질문이야! 톨스토이는 러시아 작가야. 세계적인 소설가 중 한 사람이지. 유명한 소설을 많이 썼지만 그중에서도 《전쟁과 평화》, 《안나 카레니나》 등은 영화로도 만들었어."

"우와, 책이 얼마나 훌륭했으면 영화로도 만들었어?"

"그만큼 톨스토이의 소설이 많은 사람의 마음을 사로잡은 거지."

"그럼 오빠는 톨스토이란 작가를 좋아해?"

"물론이지. 그래서 이번 달은 톨스토이가 쓴 책만 골라 읽고 있어."

이런 방법도 있었네요. 좋아하는 작가가 쓴 책을 찾아 읽는 방법요. 사실 처음에는 어떤 책을 읽어야 할지 몰라 오빠에게 물었는데요. 책을 읽는 방법은 여러 가지였지요.

"봄아, 지금은 무슨 책 읽어?"

오빠가 다시 말했어요.

"현덕 작가가 쓴 《나비를 쫓는 아버지》."

제 말이 끝나자마자 오빠 얼굴이 환해졌답니다.

"와, 내가 좋아하는 작가 책을 읽고 있구나. 근데 책은 어떻게 골랐어?"

"응, 도서관 전시관에 포스터가 붙어 있었어. 이번 달 추천 도서라고."

"그랬구나. 그럼 이번에는 책을 읽으면서 작가에 대해서도 좀 알아 봐. 새로운 사실을 아는 재미도 있을 거야."

갑자기 숙제가 생겼지만 어렵지 않게 느껴졌어요. 책상에 앉아 책만 열심히 읽으면 되니까요.

"오빠, 고마워!"

"천만에!"

봄이가 쓰는 독서록

날짜	9월 13일
책 제목	나비를 잡는 아버지
지은이	현덕 글 / 김환영 그림
출판사	길벗어린이

제목 : 바우야, 힘을 내!

주인공 바우는 주인집 경환이와 동갑이다. 하지만 바우는 가난하고 경환이는 부자다. 경환이보다 공부를 잘했지만 집이 가난해서 상급학교에 들어가지 못했다.

책을 읽으면서 궁금증이 생겼다. 얼마큼 가난해야 학교를 가지 못할까? 엄마는 우리나라가 6·25 전쟁이 끝난 후 무척 살기 힘들었다고 말했다. 그래도 그렇지, 가난한 친구들 앞에서 잘난 척하고 다니는 경환이는 나도 보기 싫었다.

또 경환이가 잡으려 했던 나비를 바우가 일부러 놓아준 것은 잘못한 행동이다. 하지만 그 일 때문에 바우네 집에서 농사를 짓지 못하게 하는 행동도 잘못되었다고 생각한다. 바우는 부모님한테도 서운하고 속상한 마음에 집까지 나가려 마음먹었다. 그런데 그깟 나비가 뭐라고 나비를 잡는 아버지를 발견하고 말았다. 바우는 나비를 잡아도 열 마리는 넘게 잡았을 텐데……, 아버지가 밉고 경환이가 미워 잡지 않았는데 아버지가 나비를 잡고 있었다.

책을 읽으면서 슬펐던 적이 별로 없었는데 ≪나비를 잡는 아버지≫는 달랐다. 그래서 오빠 말대로 작가 현덕에 대해 알아보았다.

작가 현덕님은 아주 가난한 생활을 하며 어렵게 학교를 다녔다. 그래서 자신이 겪은 힘든 이야기를 동화 속에 써 넣은 것이 분명하다. 인터넷을 찾아보니 이 책 말고도 많은 책이 있다. 이번 겨울방학에는 현덕 작가님의 책을 차근차근 읽을 계획이다.

꼬리에 꼬리를 무는 생각

- 내가 바우였으면 경환이에게 사과를 하고 나비를 잡아 줬을까?
- 우리 아빠도 경환이처럼 가족을 위해 나비를 잡았을까?
- 경환이는 왜 바우와 친하게 지내지 않고 못살게 굴까?

이 책은 어때요?

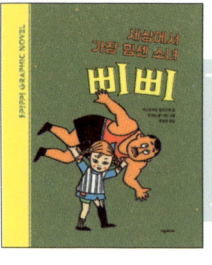

책 제목 세상에서 가장 힘센 소녀 삐삐
지은이 아스트리드 린드그렌 글 / 잉리드 방 니만 그림
출판사 시공주니어

　제목을 보면 궁금하지 않나요? 세상에서 가장 힘센 소녀라니요? 삐삐는 말을 머리 위로 올리기도 하고, 친구들과 이웃을 괴롭히는 못된 도둑들도 혼을 내 주는 정의로운 소녀랍니다. 하지만 어른들은 삐삐와 가깝게 지내는 것을 좋아하지 않아요. 그 이유는 삐삐가 깐깐한 선생님 앞에서도, 무서운 경찰 앞에서도 결코 주눅이 들지 않아서예요. 한마디로 표현하자면 몸도 마음도 자유로운 소녀거든요. 삐삐 이야기를 쓴 분은 스웨덴에서 아주 유명한 동화 작가랍니다. 어린이가 원하는 것이 무엇인지, 어린이가 재미있어하는 것이 무엇인지 잘 아는 작가라고도 해요. 어때요? 친구들도 린드그렌의 이야기 속에 빠져 보는 것은요?

아홉 살에 처음 만나는 독서록

책 이야기 소개하기

친구들은 책을 읽고 난 뒤, 읽은 책을 다른 친구에게 소개해 주고 싶은 적이 있었나요? 책 내용이 재미있거나 유익한 경우가 그럴 텐데요. 그럴 때는 실제로 친구에게 책 이야기를 들려주거나, 혹은 책을 직접 보여 줄 거라 생각해요.

그리고 한 가지 방법이 또 있는데요. 읽은 책을 독서록에 책 소개하듯 써 보는 거예요. 친구들은 책을 꼼꼼히 잘 읽었기에 책 소개하는 건 어렵지 않겠죠? 그런데 내용이 많다고요? 그럼 가장 마음에 드는 한 가지 이야기만 골라 써도 괜찮답니다.

딩동!

현관문 벨이 울리자마자 저는 소파에서 벌떡 일어났어요. 기다리고 기다리던 택배가 도착했거든요.

"봄이한테 택배가 왔어?"

엄마는 놀란 눈치였답니다.

"뭘 샀지?"

아빠도 오빠를 보며 물었습니다.

저는 택배 기사님이 놓고 간 상자를 들고 거실로 다시 들어왔습니다.

"제법 묵직해 보이네."

"궁금하다, 어서 열어 봐."

엄마와 아빠가 이야기를 하는 사이 저는 택배 상자에 붙어

있던 테이프를 조심스레 뜯어냈습니다.

"뭐야? 책이야?"

"오빠 것 아니고, 네 것 맞아?"

이번에는 엄마와 아빠가 서로를 마주 보며 목소리를 높였습니다.

"응, 내 것 맞아!"

저는 좀 으쓱해진 기분으로 말했어요. 왜냐면 하하, 저도 이제 책을 좀 읽는 어린이가 되었거든요. 세어 보진 않았는데요, 벌써 스무 권 넘게 책을 읽었더라고요! 또 용돈까지 모아 읽고 싶은 책까지 샀답니다.

"제가 책 주문하는 방법 알려 줬어요. 그랬더니 한 권도 아니고 두 권이나 주문하더라고요."

오빠가 옆에서 거들었습니다.

솔직히 엄마, 아빠는 많이 놀란 모양이에요. 두 분 모두 제가 이렇게 책을 열심히 읽는다는 걸 모르셨거든요. 그럴 수밖에요. 엄마, 아빠 모두 바쁘셨기 때문에 오빠와 우리 집 만두만 알고 있었지요.

"만두야, 너도 봄이가 책 열심히 읽는 거 알고 있었어?"

아빠가 봄이를 안아 올리며 말했습니다. 그랬더니 만두가 "아니, 강아지인 저도 아는데 아빠가 모르시다니요?" 하는 눈빛으로 짖지 뭐예요.

"근데 무슨 책 주문했어? 궁금하다."

엄마가 곁으로 오며 물었어요.

"응, 《재활용, 쓰레기를 다시 쓰는 법》이랑, 《환경덕후, 오총사가 간다, 지켜라! 지구 환경》."

저는 박스에서 책을 꺼내며 말했어요.

"근데 네가 이 책을 읽는다고?"

엄마 눈이 다시 동그래졌어요.

"뭐, 환경덕후?"

이번에는 아빠가 후다닥 뛰어와 《환경덕후, 오총사가 간다, 지켜라! 지구 환경》 책을 펼쳐 보지 뭐예요.

"응, 일요일 밤에 환경에 관련한 다큐멘터리 했었잖아요. 그걸 봄이가 보고 나서 묻더라고요. 지구를 살리는 방법에는 어떤 것이 있냐고요. 그래서 제가 이 책을 추천해 줬어요."

오빠가 빙긋 웃으며 말했습니다. 덕분에 저는 어렵게 대답하지 않았지요.

"봄이가 책만 많이 읽는 게 아니라 환경에도 관심을 갖게 되었네. 그래, 책을 많이 읽다 보면 여러 가지에 관심을 갖게 되잖아. 새로운 눈이 떠지는 거지."
아빠는 제가 기특한지 머리를 쓰다듬어 주었습니다.

딩동

다시 벨이 울렸습니다.
"이번에는 어떤 택배가 왔지?"
엄마가 말했습니다.
"택배가 아니고……, 주원이랑 도서관 가기로 했어!"
저는 큰 목소리로 말하고는 현관 밖으로 뛰어 나왔습니다.

봄이가 쓰는 독서록

날짜	9월 28일
책 제목	재활용, 쓰레기를 다시 쓰는 법
지은이	이영주 글 / 김규택 그림
출판사	사계절

제목 : 지구를 살리는 길, 우리 손에 있다!

일요일에 우연히 <지구를 살리는 길>이라는 프로그램을 봤다. 처음에는 아무 생각 없이 보다 점점 빠져들어 보았다. 왜냐하면 내가 사는 지구가 병들었다는 말이 충격적이었다. 하지만 조금 더 알고 싶어 오빠가 골라준 책을 봤다. 사실은 책 내용이 조금 어려웠지만 괜찮았다. 그리고 이 책을 친구들도 읽었으면 좋겠다는 생각을 했다. 그래서 나도 책 소개를 한 번 써 보기로 했다.

친구들아, 너희들은 지구를 살리는 길이 무엇이라고 생각해? 나는 여러 가지 방법 중에서 쓰레기를 잘 버리면 지구를 살릴 수 있다고 믿고 있어.

그런데 어떤 방법이 있냐고? 방법은 아주 많아. 사실은 방법은 많은데 우리들이 실천을 하지 않고 있더라고. 귀찮다고 안 하고, 나 혼자 버려도 괜찮다는 생각도 하면서 말이지. 그래서 내가 몇 가지 방법을 알려줄게.

첫째. 종이를 아껴 쓰기
둘째. 캔과 고철 잘 골라서 버리기
셋째. 반짝반짝 유리 골라내기
넷째. 플라스틱과 페트병 골라내기
다섯 번째. 음식물 쓰레기 잘 버리기
여섯 번째. 망가진 물건은 고쳐 쓰기

이것 말고도 많지만 여섯 가지만 골랐어. 왜냐하면 내가 쓴 여섯 가지도 사실 실천하기 어렵거든. 하지만 우리가 조금 더 힘을 기울이면 지구는 더 이상 아프지 않을 거야.

꼬리에 꼬리를 무는 생각

- 왜 공장에서는 플라스틱을 계속 만들어 낼까?
- 쓰레기를 버릴 때마다 돈을 내는 방법은 어떨까? 그러면 사람들은 돈을 아끼기 위해서라도 쓰레기를 줄이지 않을까?

이 책은 어때요?

책 제목 환경덕후, 오총사가 간다, 지켜라! 지구 환경
지은이 이여니 글 / 이경택 그림
출판사 뭉치

　환경보호, 우리 힘으로 가능할까요? 선생님은 충분히 가능하다고 생각해요. 왜냐하면 우리 친구들 모두가 환경 지킴이로 활동할 수 있기 때문이에요. 이 책 속에는 우리가 일상생활에서도 어렵지 않게 쓰레기를 분리수거하는 방법과 플라스틱 사용을 줄이는 방법 등이 소개되어 있어요.
　친구들 모두 잘 알고 있을 거예요. 지구 환경을 지키기 위해서는 이 모든 일을 하나하나 배워야 한다는 사실을요.

아홉 살에 처음 만나는 독서록

독서록, 이렇게도 써 보세요

1 주인공 관찰하여 쓰기

1 주인공은 이야기 속, 사건 중심에 있는 중요한 인물이에요.

2 주인공이 어떤 생각, 어떤 계획, 어떤 일을 벌이고 있는지를 관찰하는 것이 중요하답니다.

3 마지막은 마치 내가 형사가 된 것처럼 이야기 속 주인공에 관해 독서록에 적는 거예요. 물론 매서운 매의 눈이 필요하겠죠?

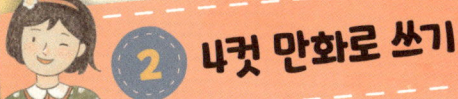 

2 4컷 만화로 쓰기

1 머릿속 혹은 수첩에 꼭 넣고 싶은 이야기 속 장면을 네 개 정한 뒤, 독서록에 네 개의 칸을 그리세요.

2 이제 그림 솜씨 발휘! 그림 재료는 연필도 좋고 펜도 좋아요.

3 참, 말풍선은 필수죠! 책 속 대화를 그대로 옮겨 쓰는 것보다는 내가 만들어 내는 말이 더 재밌겠지요?

3 주인공에게 편지 쓰기

1. 책을 읽고 난 뒤, 주인공에게 꼭 하고 싶은 말이 생길 때가 있어요.

2. 그럴 때는 편지를 써 보세요. 내 마음을 가장 잘 표현할 수 있는 좋은 방법이거든요.

3. 그런데 편지 쓰는 형식을 잘 모른다고요? 우선은 맨 위에 주인공 이름을 써요.

용감한 친구 ○○에게 ➡ 자유롭게 본문을 써요 ➡ 마지막에는 누가 편지를 썼는지 밝혀야겠지요. ○○가 보냄 ➡ 언제 편지를 썼는지도 써야겠지요? ○월 ○일

 **4 친구에게 추천하는 편지 쓰기**

1. 책을 읽고 난 뒤, 친구도 읽었으면 좋겠다는 책이 있었나요? 그럼 친구에게 추천 편지를 써 보세요.

2. 책 제목 ➡ 지은이 ➡ 출판사 ➡ 줄거리 ➡ 마지막으로 읽고 난 뒤, 왜 이 책이 좋았는지 이야기해 주면 끝이랍니다.

3. 뭔가 허전하다고요? 그럼 같이 도서관에 가서 책을 빌려 보는 방법도 있답니다. 좋은 책은 함께 읽을수록 우리 모두의 마음과 지식이 풍성해지거든요.

5 삼행시로 쓰기

1. 가끔은 간단하게 독서록을 쓰고 싶을 때가 있어요. 그럴 때는 삼행시로 써 보는 것도 좋은 방법이랍니다.

2. 방법은 아주 쉬워요. 책 속 주인공 이름으로 삼행시를 지어도 좋고(주인공 이름이 석 자 이상이라면 사행시도 되고, 오행시도 될 수 있겠지요?), 아니면 기억에 남는 책 속 지명이나 제목으로 지어도 괜찮습니다.

3. 대신 간결한 만큼 삼행시 속 내용이 재치가 있으면서 책 속 의미를 잘 담고 있으면 더 좋겠지요?

로 빈후드야 너는
빈 곤한 사람들을 돕는 멋진 의적이야.
후 후후 내가 아는 너와 비슷한 사람이 또 있어.
드 러볼래? 바로 홍길동이야. 어때? 닮았지!

유 관순 열사 책을 읽고 깊은 감명을 받았어요.
관 련이 있는 다른 위인들도 찾아보았어요.
순 국선열이 정말 많다는 것을 알게 되었어요.

6 이야기 다시 쓰기

1. 책을 다 읽고 난 뒤에도 아쉬움이 남을 때가 있답니다. 이야기 끝이 슬펐을 때, 행복한 결말로 끝났으면 좋겠다는 생각이 들 때 있잖아요. 그럴 때 친구들은 작가가 되는 거예요.

2. 자, 이야기를 새로 쓰는 거예요. 누구 맘대로? 내 맘대로요!

3. 작가란 글을 쓰는 모든 사람을 말해요. 그러니까 친구들도 작가가 될 수 있답니다.

7 다른 책과 비교하여 쓰기

1 독서록을 쓸 때 다른 책이 생각날 때가 있을 거예요. 이야기가 비슷하거나, 아니면 전혀 다른 이야기지만 독서록을 쓸 때 같이 쓰면 좋을 것 같은 책들요.

2 위인전 《신사임당》을 읽었는데, 그 전에 읽은 《허난설헌》에 대한 이야기가 생각나는 거예요. 그럴 땐 비교하며 쓰는 것도 좋아요. 같은 여성으로서 어떤 삶을 살았는지를 비교할 수 있지요.

3 다른 방법도 있어요. 작가는 같지만 다른 책을 비교하는 방법인데요. 방금 읽은 책 속 주인공은 왈가닥이었는데, 한 달 전에 읽은 주인공은 아주 얌전한 모범생이에요. 또 두 주인공이 사는 배경도 다르겠지요? 사건과 결말도요.

 **8 기억에 남는 단어로 끝말잇기**

1 책을 읽고 났는데 계속 머릿속에 맴도는 단어들이 있을 거예요. 평소 내가 좋아하는 단어가 될 수도 있고, 낯선 단어일 수도 있어요.

예)《흔한 남매》라는 제목의 책을 읽고 났더니 '흔한'과 '남매'라는 단어가 기억에 남아요. 그럴 때 '흔한'의 '흔' 자와 '남매'의 '매' 자로 끝말잇기를 해 보는 거지요.

2 끝말잇기를 잘하는 방법은 뭐가 있을까요? 책을 읽으며 여러 단어를 다양하게 익히는 방법이 있어요. 그것도 책을 재미있게 읽으며 자연스럽게 익힐 수 있으니 얼마나 좋아요.

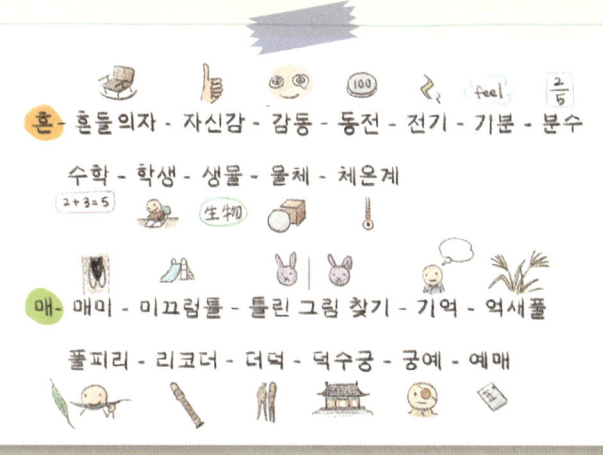

흔 - 흔들의자 - 자신감 - 감동 - 동전 - 전기 - 기분 - 분수
수학 - 학생 - 생물 - 물체 - 체온계
매 - 매미 - 미끄럼틀 - 틀린 그림 찾기 - 기억 - 억새풀
풀피리 - 리코더 - 더덕 - 덕수궁 - 궁예 - 예매

9 상장 만들기

1 친구들은 상장을 많이 받아 봤나요? 받았다면 어떤 상장을 받았는지 궁금하네요. 이번에는 책 속 주인공들에게 멋진 상장을 만들어 주는 거예요.

2 참, 상장에는 반드시 제목이 있어야 해요. 물론 좋은 성적을 거두거나 좋은 일을 할 때 주는 상장도 있지만 반대인 경우도 있어요. 그런데 나쁜 일을 한 사람에게도 상장을 주는 이유가 뭐냐고요? 정신 좀 번쩍 차리라고요.

예) 《설민석 한국사》를 읽은 친구들은 설민석 아저씨에게 '감사의 상장'을 줄 수 있어요. 아저씨의 한국사 책을 읽고 한국사에 관해 잘 알게 되었다고 인사하면서요. 그렇다면 반대인 경우는 뭘까요? 백설공주에 나오는 성질 고약한 새엄마한테는 이런 상장을 줄 수 있겠네요. 앞으로 남을 계속 괴롭힌다면 지금보다 더 무서운 '지옥의 상장'을 주겠다고요.

3 공책 속에 네모난 직사각형을 그린 뒤 상장 제목과 밑에 내용을 적어 보세요. 상장 밑에 누가 이 상을 주는지도 적어야 해요. 물론 날짜도요.

10 독서 신문 만들기

1. 요즘은 인터넷이 발달해서 신문을 인터넷 사이트에서 보는데요. 신문은 종류가 다양하답니다. 날마다 나오는 일간 신문부터 시작해서 일주일에 한 번 나오는 주간 신문 등 다양하지요. 오늘은 독서 신문을 만들면 어떨까 해요.

2. 신문을 만들 때 반드시 들어가야 하는 것들이 있어요.

   ① 책 제목 ② 지은이 ③ 출판사 ④ 줄거리는 꼭 넣어야 한답니다. 이 밖에 신문에 도움이 되는 사진을 붙여도 좋고, 직접 그린 그림을 넣어도 좋습니다.

3. 독서 신문을 완성해 놓으면 좋은 점이 있어요. 한눈에 모든 정보를 볼 수 있다는 거죠. 또 내가 기자가 되어 만든 신문이니 소중한 자료가 되겠지요.

11 칭찬 카드 만들기

1 칭찬은 고래도 춤추게 한다는 말이 있잖아요. '칭찬'이란 말은 언제 들어도 기분 좋지요. 그래서 책 속 주인공에게 칭찬 카드를 만들어 주는 것도 재밌는 독서록 쓰기가 된답니다.

2 독서록에 적게는 3장에서 10장까지 사각형을 그린 다음, 칭찬 카드 내용을 적어 보세요.

3 《어린 왕자》를 읽고 난 후라면 이런 카드를 만들 수 있겠지요.
예) 여러 별을 혼자 용감하게 여행하고 있는 어린 왕자를 칭찬합니다.
어린 왕자야, 넌 정말 멋진 말을 많이 알고 있어!

칭찬 카드

여러 별을 혼자 용감하게 여행하고 있는 <u>어린 왕자</u>를 칭찬합니다.

어린 왕자야,
넌 정말 멋진 말을 많이 알고 있어!

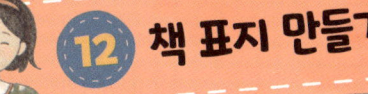

12 책 표지 만들기

1. 서점에서 책을 고를 때, 책 표지만 보고 끌렸던 적이 있을 거예요. 그만큼 책 표지가 다양하답니다. 친구들은 인상에 남는 책 표지가 있었나요? 만약 그런 표지가 있었다면 이번에는 나만의 스타일로 한번 만들어 보는 건 어떨까요.

2. 물론 책 표지 그림과 글은 친구들의 몫이랍니다. 나만의 개성이 넘치는 표지를 만들어 보세요.

13 가족과 함께 읽은 뒤 독서록 쓰기

1 혼자만 알고 있기에는 아까운 책이 있을 거예요. 많은 사람이 감동한 책이 그럴 텐데요. 한 번쯤은 가족과 함께 같은 책을 읽는 것도 좋은 방법이에요.

2 물론 책을 다 읽은 뒤에는 가족과 이야기를 나누는 거죠. 그런 다음 가족들의 생각을 수첩에 잘 메모한 뒤 독서록에 정리해서 적는 거예요.

3 그러면 내 생각과 더불어 가족들의 생각까지 담긴, 풍성한 독서록이 될 수 있겠지요.

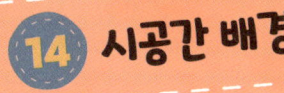 **14 시공간 배경 바꿔 쓰기**

1 간단히 말하면 옛날 일을 현재 일어난 일로, 다른 나라에서 일어난 일을 우리나라에서 일어난 일로 바꾸는 것처럼 시간과 공간을 바꾸는 것을 말해요.

2 홍길동은 조선 시대에 활약한 주인공이에요. 그런데 홍길동이 지금 우리가 사는 21세기에 나타난다면 어떨까요? 아니면 흔한 남매가 조선 시대에 태어났다면 어떤 모습으로 살까요?

3 거창한 이야기가 아니어도 괜찮습니다. 친구들의 상상력만 있다면 어떤 이야기도 가능하거든요.

15 줄거리와 느낌 함께 쓰기

1. 책을 읽고 난 뒤 줄거리를 쓰는 일은 힘이 들어요. 하지만 독서록을 꾸준히 쓰다 보면 어렵지 않게 쓸 수 있답니다.

2. 우선은 책 속 큰 사건을 생각하면 된답니다. 그런 다음 사건을 중심으로 어떤 일이 벌어졌는지 보세요. 주인공과 등장인물들의 행동과 생각도 자세히 살펴보고요. 그런 다음 줄거리를 시간 순서대로 쓰는 거예요.

3. 마지막은 줄거리와 함께 느낌을 조화롭게 쓰는 일이에요. 느낌을 쓰는 순서는 따로 없어요. 보통은 마지막에 쓰지만 맨 앞에 간단히 써도 좋아요. 그다음 줄거리를 쓰고 마지막에 한 번 더 내 생각을 쓰며 마무리하는 거죠. 어때요, 어렵지 않지요?

우선 책 속의 큰 사건을 생각해 보자!

작가님, 독서록 쓸 때 이것이 궁금해요!

독서록이 정말 쓰기 싫을 때는 어떻게 해요?

네, 당연히 그럴 때가 있지요. 저도 글을 쓰기 싫을 때는 억지로 책상 앞에 앉아 있지 않아요. 그럼 뭐 하냐고요? 좋아하는 고양이랑 놀기도 하고, 산책을 하기도 해요. 기분 전환이죠. 무엇인가 해야 하는데 억지로 하는 건 좋지 않거든요. 그럴 때는 잠시 하던 일을 접어 놓고 다른 일을 하는 거예요. 그럼 미뤄 두었던 일을 다시 하고픈 생각이 들거든요.

책을 읽어도 무슨 내용인지 모를 때는 어떻게 해요?

네, 솔직하게 고백하면 저도 그럴 때가 많아요. 그래서 책 내용을 왜 잘 모를까, 하고 생각해 보면요, 책을 대충 읽은 적이 많더라고요. 책 내용이 어려워서 그런 적도 있고, 읽기 싫은데 억지로 읽었을 때도 그랬답니다. 그럴 때는 조용히 방에 들어가 바른 자세로 책을 다시 한번 읽어 보세요. 내용 중 어려운 이름이나 지명, 혹은 이야기가 나오면 간단히 메모도 하면서요. 그럼 책 내용이 머릿속에 아주 잘 들어온답니다. 이건 오랫동안 쌓은 제 경험이니 백 퍼센트 믿어도 된답니다!

책을 읽다 보면 어려운 단어가 계속 나와요.

우리가 책을 읽는 이유 중 하나가 새로운 정보를 얻기 위함이기도 해요. 특히 지식 관련 책을 읽을 때는 모르는 단어가 계속 나오지요. 그럴 때는 방법이 있어요. 사전을 보거나 휴대폰 안에 있는 사전 앱을 사용하면 된답니다. 모르는 단어가 나왔다고, 책 속 내용이 어렵다고 포기하면 안 되는 거 알죠? 그럴수록 우리는 새로운 단어 사냥에 나서야 해요!

엄마가 자꾸 내 독서록을 훔쳐 보는데 어떻게 해요?

엄마는 왜 내 독서록이 궁금할까요? 그건 친구들이 책을 얼마만큼 잘 읽었는지 궁금해서랍니다. 또 책을 읽고 난 뒤 독서록에 쓴 친구들의 생각이 궁금해서예요. 선생님이 친구들에게 당부하고 싶은 말은요, 부끄러워하지 말란 거예요. 일기장도 아닌데 뭐가 부끄럽나요? 그리고 책을 읽은 뒤 한 번쯤은 당당하게 독서록을 보여 드려 보세요. 서툰 글일 수 있지만 친구의 자신감에 엄마는 아주 기뻐하실 거예요.

독서록을 잘 쓰고 싶은데 어떻게 하면 좋을까요?

네, 독서록을 잘 쓰려면 먼저 조급한 생각을 버리세요. 책도 천천히, 글도 천천히 읽는 거예요. '정독'이란 말이 있는데요, '뜻을 새겨 가며 자세히 살피어 읽음'이란 뜻을 지니고 있어요.
조금 더 쉽게 말하면 건성으로 읽지 말란 이야기예요. 그래야만 책이 가지고 있는 중심 내용을 정확히 파악할 수 있거든요. 그리고 책 내용과 함께 내 생각을 잘 엮어 쓰는 거예요. 처음부터 쉬운 건 없답니다. 글쓰기도 훈련이에요. 천천히 쉬지 않고 읽고 쓰다 보면 좋은 독서록을 쓸 수 있답니다.

책을 읽을 때 잠이 쏟아지면 어떻게 하죠?

하하! (^_^) 고민하지 마세요. 그럴 때는 바른 자세로 의자에 앉아 잠시 눈을 감아 보세요. 오랫동안 책을 읽으면 눈이 피로할 수 있거든요. 그런데도 잠이 깨지 않는다고요? 그럼 책을 덮고 푹 자면 되죠. 책에 발이 달려 있지 않은 한 달아나지는 않을 테니까요!

책 속 이야기를 요약하기가 어려워요.

맞아요, 누군가에게 인상 깊게 읽은 책 내용을 이야기할 때도 그래요. 내용은 다 알고 있는데, 어떤 내용부터 이야기해야 할지 헷갈리거든요. 그럴 때는 이야기 속 큰 사건을 떠올려 보세요. 보통 이야기는 사건 중심이거든요. 주인공은 사건 속에서 이야기를 만들거나 해결하는 역할을 하고요. 그러면서 주변 배경과 주인공 외 다른 친구들의 성격이나 모습을 이야기하는 것이 좋겠지요?

저는 책 읽는 것이 재미없어요. 그래서 서점에서 책을 살 때 어떤 책을 사야 할지 모르겠어요.

책 읽기가 힘들다면 내가 좋아하는 이야기부터 찾아 읽어 보세요. 만약 공룡에 관심이 있다면 공룡 이야기, 자동차에 관심이 있다면 자동차 이야기, 또 옛날이야기에 관심이 있다면 옛날이야기를 읽는 거예요. 그래야만 책을 흥미롭게 읽을 수 있거든요. 또 책을 읽으면서 궁금한 점이 생기면 그와 관련된 책을 찾아 읽으면 되고요. 처음부터 어려운 책은 안 된답니다!

책을 읽을 때 자꾸 딴 생각이 나요!

네, 저도 그럴 때가 아주 많아요. 별로 책을 읽고 싶지 않을 때 그렇지요. 그럴 때는요, 억지로 읽지 마세요. 밥도 억지로 먹으면 체하잖아요. 책도 마찬가지예요. 머릿속에 자꾸 딴 생각이 나는데 어떻게 책 내용이 눈에 들어오겠어요.

하지만 책이 안 읽힌다고 자꾸 미루면 안 된답니다. 책 읽는 것도 습관을 들이는 게 중요하거든요. 한번 마음을 단단히 먹고 집중하는 시간을 가져 보세요. 처음에는 10분, 다음에는 15분, 다음에는 30분으로요. 그러면 나도 모르게 1시간이 훌쩍 지나가더라고요. 무엇이든 노력 없이는 안 되는 거 아시죠?

독서록을 쓸 때 '그냥'이란 말과 '재밌었다'란 말밖에 생각이 나지 않아요.

맞아요. 친구들은 독서록을 쓸 때 '그냥 재밌었다'란 말을 많이 쓰지요. 그 이유가 뭘까요? 첫째는 책을 읽을 때 집중하지 않았기 때문이에요. 두 번째는 책을 읽고 난 뒤, 책의 내용을 깊이 생각하지 않아서 그런 거지요. 책에는 우리가 상상할 수 없을 만큼 많은 이야기가 담겨 있어요. 또 책을 쓰는 작가들도 많은 고민을 하지요. 그런 책을 우리가 너무 쉽게 읽어서는 안 되잖아요. 독서록을 쓸 때 '그냥'이란 말과 '재밌었다'란 말 대신 어떤 말을 쓰면 좋을까, 생각해 보세요. 어려울 때는 부모님께 여쭤 보아도 좋아요. 그러면 우리가 몰랐던 새로운 단어를 많이 배울 수 있거든요.

엄마가 사 주는 책은 재미가 없어요.

그럴 수 있다고 생각해요. 왜냐하면 엄마와 나는 좋아하는 것이나 궁금한 것이 다르거든요. 그런데요, 무조건 재미없어! 하면서 책을 밀어 놓으면 안 돼요. 우선 엄마는 경험이 많은 어른이에요. 친구들보다 많은 경험을 하셨고, 아는 것도 많으시고요. 그렇기에 친구들에게 더 좋은 것들을 주고 싶으신 거예요. 어때요, 이제는 엄마표 책, 믿을 수 있을까요?

만화책은 읽으면 안 되나요?

아니요, 읽어도 된답니다. 만화책도 엄연한 책이거든요. 저도 어렸을 때 만화책을 너무 좋아해 푹 빠졌던 적이 있었지요. 만화책은 그림이 있어 지루하지도 않고, 재미난 말풍선도 꼭 우리 이야기처럼 정겹잖아요. 대신 만화책만 읽으면 안 된다는 거 알죠? 왜냐하면 세상에는 좋은 만화책도 많지만, 다른 좋은 책도 아-주 많거든요.

책은 언제 읽어야 잘 읽힐까요?

가을은 독서의 계절이라는 말이 있어요. 그만큼 덥지도 춥지도 않은 계절에 읽기 좋다는 말이지요. 하지만 아무려면 어때요. 내가 좋은 시간에 읽으면 되지요. 선생님은 주로 저녁을 먹은 뒤에 읽는데요, 밤의 어두운 풍경이 마음을 편하게 해 주는 것 같아요. 또 여행지에서 읽는 것도 좋아하고요. 친구들도 따로 시간을 정해 놓고 읽는 대신, 내가 편한 시간에 읽었으면 좋겠어요. 그래야 책 속 내용도 머릿속에 쏙쏙 들어오거든요.

책을 읽을 시간이 없어요. 학교 다녀오면 학원도 가야 하고, 숙제도 해야 하거든요.

맞아요, 바쁠 때는 책 읽기는커녕 좋아하는 텔레비전 프로그램도 보지 못하지요. 그럴 때는 어떻게 해야 할까요? 책 읽기는 습관이랍니다. 숙제처럼 생각해서는 안 된다는 이야기예요. 그래야 책을 읽을 때도 마음 편하게 읽을 수 있거든요. 그리고 한 번쯤은 내가 좋아하는 놀이 대신 책 읽기 시간을 넣어 보세요. 처음에는 잠도 쏟아지고 책 내용도 머릿속에 들어오지 않겠지만 포기하지 마세요. 새로운 세상을 경험할 수 있는 독서만큼 나를 풍요롭게 하는 시간이 없거든요.

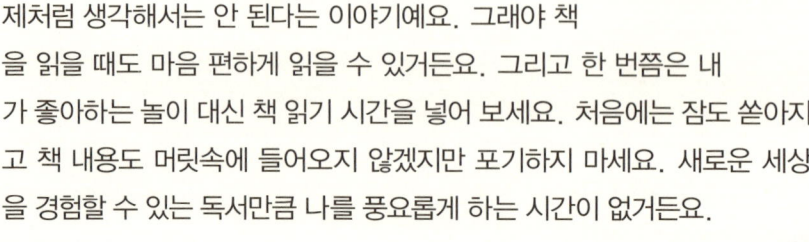

저는 책을 진짜 좋아하는 독서왕인데요. 책을 읽으면서 밥을 먹으면 안 되나요?

네, 당연히 안 된답니다. 친구들은 아직 어린이이기 때문에 책을 읽는 자세가 중요해요. 또 책을 읽으며 밥을 먹는다면 책 내용이 눈에 잘 들어올까요? 또 음식이 책에 떨어져 묻는 일도 생기지 않을까요? 잘못하면 체할 수도 있고요. 습관은 아주 중요해요. 특히 처음 시작할 때요. 잘못된 습관은 평생 갈 수 있거든요. 간단히 과자를 먹거나 과일을 먹는 건 괜찮지만 바른 습관을 위해 참는 인내력도 필요하지 않을까요?

학부모님에게 드리는 글

공부하는 현장에서 학부모님들과 이야기를 나누다 보면 공통으로 듣는 질문이 있습니다.

"아이가 책을 읽지 않아요. 그리고 책을 읽고 독서록을 쓰면 좋겠는데 그건 더 힘들고요."

읽기와 쓰기는 학습을 시작하는 첫걸음입니다. 만약 학생이 읽기와 쓰기를 제대로 못 한다면 앞으로 아이가 어떤 어려움을 겪을지는 모두가 잘 아는 사실입니다. 그렇기에 교과서를 제외한 다양한 책 읽기와 쓰기 훈련을 통해 표현할 수 있는 독서록이 중요하지요.

독서록을 잘 쓰기 위해서는 우선 잘 읽어야 합니다. 얇은 그림책 한 권도 천천히 뜻을 생각하며 읽어야 합니다. 그래야만 글자와 함께 그림 속 이야기를 짚어 낼 수 있거든요.

그런 다음 독서록에 한 문장, 한 문장 쓸 수 있게 지도해 주세요. 처음에는 쓰는 것이 힘들겠지만 아이에게 응원과 함께 할 수 있다는 자신감을 심어 주어야 합니다.

빠르면 초등학교 2학년 시험에서부터 국어는 물론 수학까지도 서술형 문제가 나오고 있습니다. 그런데 친구들 대부분이 서술형 문제는 손을 못 대더라고요. 왜 이런 문제가 나오느냐며 불평하기도 하고요.

앞에서도 이야기했지만 '읽고 쓰는' 문제를 해결하지 않는다면 서술형 문제는 물론이고 대입 논술조차 먼 산 바라보기가 될 수 있습니다.

독서록 쓰기는 논술을 위한 준비 작업입니다. 그렇기에 처음부터 어려운 책을 읽는다든지, 긴 독서록을 쓰는 것은 무리입니다.

처음에는 가볍게 시작하세요. 아이와 함께 〈독서록 통장〉을 만들어 한 달에 몇 권의 책을 읽었는지, 또 몇 편의 독서록을 썼는지를 보는 방법이 있습니다.

또 한 달에 한 번 '독서록 발표하기'도 좋은 방법입니다. 처음에는 자신이 쓴 글을 부끄러워하지만, 칭찬과 격려가 쏟아지면 자신이 쓴 글을 보여주고 싶어 하거든요.

마지막으로는 '베스트 뽑기'가 있는데요, 그동안 쓴 독서록 중 가장 잘 쓴 한 편을 뽑아 상을 주는 시간입니다.

위드 코로나 시대, 어떻게 독서를 해야 하는지, 또 어떤 방법으로 독서록을 써야 하는지가 많은 고민일 텐데요, 모쪼록《아홉 살에 처음 만나는 독서록 잘 쓰는 법》에서 그 답을 찾을 수 있기를 소망해 봅니다.